建築の力学

塑性論とその応用

桑村 仁

井上書院

まえがき

　本書は、筆者が建築学科3年生に教えている建築塑性学の講義ノートを活字にしたもので、建築弾性学を扱った『建築の力学−弾性論とその応用−』（技報堂出版）の姉妹編になっている。弾性学と塑性学は建築構造設計において相補的な役割を果たしている。すなわち、建物のなかで日常的な活動を支障なく行うための機能性を建物に付与するには弾性学の知識が必要であり、地震や台風などの非日常的な猛威に対して人々の生命を守るための安全性を建物に付与するには塑性学の知識が求められる。

　今日、コンピュータによる構造解析技術が発達し、建築構造設計におけるコンピュータへの依存度は高まっている。しかし、構造解析は設計行為の一部であって、解析条件の設定や解析結果の評価などの根幹となる部分は依然として設計者の知識が拠り所となる。このことを踏まえ、本書では、塑性学の理論的な基礎を習得し、それを建築構造設計に応用する技術が身につくように配慮した。

　構造物が安全であるかどうかを見極めるには、構造物の挙動を理解することが先決である。そのためには、構造に使われる材料から始まり、次に、柱や梁、筋かいなどの部材、最後に、構造システム全体の順に知識を積み重ねていくのがよい。本書は、そのような章立てで構成されており、最終的に塑性設計法が実践できるようになっている。本書の内容は学部学生に求められる必要最小限の範囲にとどめたが、4.9節の塑性ねじりはやや高度である。

　わが国は世界有数の地震国である。災害に強い建物を設計しようと志す学生諸君に本書が学習の助けになれば幸いである。

２００４年９月

桑村　仁

目　次

第1章　塑性学と塑性設計法
1.1　塑性学の沿革 ──────────────────────── 1
1.2　材料の塑性挙動 ────────────────────── 3
1.3　構造物の塑性挙動 ───────────────────── 7
1.4　塑性設計法 ───────────────────────── 10
演習問題 ─────────────────────────── 11
参考図書 ─────────────────────────── 13

第2章　材料の力学モデル
2.1　材料の完全弾塑性モデル ───────────────── 15
2.2　組合せ応力における材料の降伏条件 ─────────── 17
演習問題 ─────────────────────────── 19

第3章　軸力材の塑性挙動
3.1　一様な断面をもつ軸力材 ────────────────── 21
3.2　断面欠損のある軸力材 ────────────────── 23
3.3　変断面の軸力材 ───────────────────── 26
演習問題 ─────────────────────────── 29

第4章　梁の塑性挙動
4.1　曲げモーメント－曲率の関係 ─────────────── 31
4.2　塑性中立軸 ──────────────────────── 36
4.3　塑性断面係数と全塑性モーメント ──────────── 37
4.4　梁の塑性変形 ─────────────────────── 40
　4.4.1　曲率－たわみ角－たわみの関係
　4.4.2　一様曲げを受ける梁
　4.4.3　モーメント勾配のある梁

- 4.5 2軸曲げ ———————————————————— 47
- 4.6 せん断力の影響 ———————————————— 49
- 4.7 残留応力の影響 ———————————————— 51
- 4.8 複合材料の全塑性モーメント ————————————— 53
- 4.9 塑性ねじり ——————————————————— 56
  - 4.9.1 自由ねじりと反りねじり
  - 4.9.2 塑性自由ねじり
  - 4.9.3 塑性反りねじり
- 演習問題 ————————————————————— 67

第5章 梁-柱の塑性挙動
- 5.1 曲げモーメント-軸力-曲率の関係 ———————————— 73
- 5.2 軸力下の全塑性モーメント ————————————— 78
- 5.3 梁-柱の塑性変形 ———————————————— 84
- 演習問題 ————————————————————— 88

第6章 塑性解析と塑性ヒンジ理論
- 6.1 塑性解析の概要 ———————————————— 91
- 6.2 塑性ヒンジ ——————————————————— 93
- 6.3 塑性ヒンジ理論による不静定梁の解析 ————————— 96
- 演習問題 ————————————————————— 100

第7章 仮想仕事法と上界定理
- 7.1 仮想仕事法 ——————————————————— 105
- 7.2 上界定理 ———————————————————— 108
- 7.3 塑性崩壊の3条件 ———————————————— 111
- 7.4 ラーメンの崩壊荷重 ——————————————— 114
- 7.5 筋かい付きラーメンの崩壊荷重 ———————————— 117
- 7.6 崩壊曲面 ———————————————————— 120
- 演習問題 ————————————————————— 123

第8章　モーメント分配法と下界定理

8.1　モーメント分配法 ———————————————————— 129
8.2　下界定理 ———————————————————————— 132
8.3　地震水平力に対する骨組の終局耐力 ————————————— 133
　8.3.1　水平終局耐力の計算法
　8.3.2　フロアモーメント分配法
8.4　フェイルセーフ構造 ————————————————————— 141
演習問題 —————————————————————————————— 144

第9章　板の塑性解析

9.1　降伏線理論 ——————————————————————— 149
9.2　板の崩壊機構と崩壊荷重 ————————————————— 151
演習問題 —————————————————————————————— 155

第10章　塑性設計法

10.1　構造設計法の仕組み ——————————————————— 157
　10.1.1　構造設計法の構成
　10.1.2　設計荷重
　10.1.3　構造解析
　10.1.4　設計規範
10.2　簡単な骨組の塑性設計 —————————————————— 162
10.3　最適塑性設計 —————————————————————— 166
演習問題 —————————————————————————————— 170

演習問題解答 ————————————————————————————— 173
索　　引 —————————————————————————————— 185

第 1 章

塑性学と塑性設計法

1.1 塑性学の沿革

塑性 (plasticity) とは、力の作用によって生じる物体の変形が力を取り除いたあとに永久に残る性質をいう。塑性の反対語は**弾性** (elasticity) である。

人類が初めて塑性に気付いた物体はおそらく土であろう。柔らかい地面の上を歩くと、足跡が残る。これは、土に塑性があるからである。粘土や石膏を用いた造形も塑性を利用したものであり、太古の昔から陶器や塑像がつくられている。

物体の塑性が力学の問題として浮上したのは、物体の弾性が突破される条件、すなわち**降伏** (yielding) の条件を明らかにしようとしたことに始まる。弾性学で学んだように（拙著『建築の力学　弾性論とその応用』（技報堂出版）第 1 章を参照）、人々が生活のなかで利用する様々な人工物は弾性を利用しており、弾性が破られて降伏してしまうとたいへん不便である。例えば、橋を列車が通過した後にたわみが残ったままであったり、建物に人が集まった後に床がたわんだままであったり、接地圧から解放されたゴムタイヤが凹んだままであったりすると、使い物にならないことが容易に想像できる。ボールを打つたびにラケットの変形が元にもどらなかったらテニスの試合は成立しないであろう。

力学において**降伏条件** (yield criterion) が初めて考究された対象は、人々がもっとも身近に塑性を経験する土（地盤）であった。地面の上に構造物を建てると

き、建物が重過ぎると地盤が降伏して建物が沈下したり、度を越すと地盤が崩壊してしまうこともある。この地盤の降伏条件について研究したクーロン (C. A. Coulomb, 1773) やランキン (W. J. M. Rankine, 1853) に塑性学の始まりを見ることができる。

　しかしながら、塑性学が科学として発展するのは、金属材料、特に鉄が市民生活に普及するようになったことが大きな契機となっている。これは、鉄に代表される**金属** (metal) が他の材料とは比べものにならないくらい大きな塑性を発揮するということと同時に、金属の持つ**均質性**（物体内のどの位置においても性質が同じであること (homogeneity)）と**等方性**（どの方向においても性質が同じであること (isotropy)）が数学的な扱いを容易にしたからである。その草分けはトレスカ（H.Tresca, 1864）が唱えた降伏条件である。既に18〜19世紀に確立されていた数理に基づく弾性学（**数理弾性学** (mathematical theory of elasticity)）を延長した塑性学がトレスカ以降開花し、20世紀になってからミーゼス (von Mises)、プラントル (L. Prandtl)、ナダイ (A. Nadai) らを経て、20世紀半ばにはヒル (R. Hill) やホッジ (P. G. Hodge, Jr.)、プラガー (W. Prager) らによって**数理塑性学** (mathematical theory of plasticity) と呼ばれる学問が確立される。それと並行して、材料科学においてもミクロな視点から金属の結晶構造体の塑性挙動の研究が発展していった。

　数理塑性学がもっとも有効に利用されたのは**塑性加工** (plastic forming) の分野である。金属に弾性限を超える圧縮力や引張力あるいは曲げやせん断を加えることによって生じる塑性変形が、そのまま残留するという性質を使うと、金属を様々な形に成形することができる。特に、20世紀後半になって強くてしかも塑性に富む鋼が製造されるようになると、鋼の塑性加工の技術に数理塑性学は大きな役割を果たした。我々の身の回りにも塑性加工によって成形された金属製品がたくさんある。自動車のボディ、ジュースの缶、スチール製のデスクやロッカー、電子レンジや洗濯機の外板などである。

　一方、数理塑性学を構造物の設計に適用しようとする動きが、第２次世界大

戦後、英米を中心に始まった。それまで、構造物の設計法として普及していた**弾性解析** (elastic analysis) に基づく設計法、すなわち**弾性設計法** (elastic design) あるいは**許容応力度設計法** (allowable stress design) と呼ばれる設計法に代わる新しい設計法が芽吹いた。それは、構造物の崩壊荷重を計算する手法である**塑性解析** (plastic analysis) に基づく**塑性設計法** (plastic design) と呼ばれるものである（これらをそれぞれ**極限解析** (limit analysis) 、**極限設計** (limit design) と呼ぶこともある）。この塑性設計法は、力学を利用して設計を行う建築、土木、造船、航空、機械など様々な工学分野へ適用が試みられたが、結果的には、今日、建築にもっとも普及している。構造設計という実際の仕事のなかで塑性設計が名実ともに展開されているのは建築だけといっても過言ではない。

　以上述べた塑性学のなかで、本書で扱うのは、骨組の塑性解析とそれに基づく塑性設計の技術である。その元になっている数理塑性学そのものにはあまり深入りしないこととする。その方面に興味のある読者は本章の末尾に挙げた参考図書をご覧いただきたい。

1.2　材料の塑性挙動

　先ず、材料の塑性がどのようなものであるかを**鋼** (steel) の場合について説明しよう。鋼のような金属材料は図-1.1に示す**金属材料引張試験片**を引張ることによってその力学特性を知ることができる。試験片の両側は試験機でつかむ部分で、その間に在る平行な部分が試験部分である。この**平行部**には対称な位置に**標点**といわれる目印が付けてある。

　この試験片に**引張力** P を作用させると、平行部の断面には、次式で定義される**応力度** (stress) σ が発生する（断面に作用する力を応力といい、特に、単位断面積当たりの応力を応力度というが、誤解が生じない場合には応力度を単に**応力**ということが多い）。

$$\sigma = \frac{P}{A} \tag{1.1}$$

ここで、Aは荷重を作用させる前の平行部の**断面積**である。荷重の作用によって標点の間が伸びる。その**伸び**をΔとし、Lを荷重が作用する前の標点間の距離（**標点距離**という）とすると、平行部には次式で定義される**ひずみ度**(strain) ε が生じる（伸びや縮みなどの変形をひずみといい、特に、単位長さ当たりのひずみをひずみ度というが、誤解が生じない場合にはひずみ度を単に**ひずみ**ということが多い）。

$$\varepsilon = \frac{\Delta}{L} \tag{1.2}$$

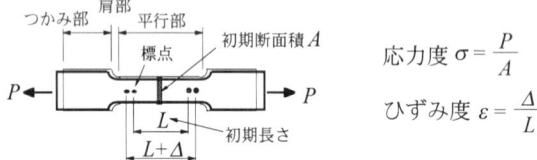

図-1.1　金属材料引張試験片

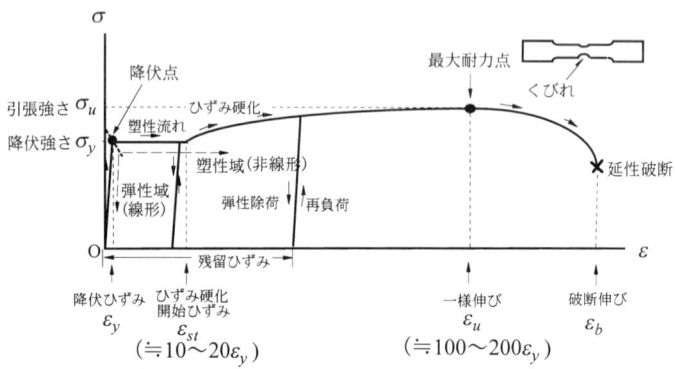

図-1.2　応力度とひずみ度の関係（軟鋼の場合）

1.2 材料の塑性挙動

さて、この応力度とひずみ度の関係をグラフに描くと図-1.2のようになる。これを**応力－ひずみ曲線**という。図で示したのは、建築でたくさん用いられている**軟鋼** (mild steel) の応力－ひずみ曲線である。軟鋼は炭素含有量を低めに押さえ強度はそれほど高くないが塑性に優れた鋼である。この応力とひずみの関係を表すグラフは、以下で説明する弾性域と塑性域に分けることができる。

応力度が**降伏強さ**（**降伏応力** (yield stress)）σ_y を超えない範囲、あるいはひずみ度が**降伏ひずみ** (yield strain) ε_y を超えない範囲であれば弾性が保たれ、荷重を取り除くと元の状態に完全に復帰する。すなわち、弾性範囲では、**負荷** (loading) と**除荷** (unloading) に**可逆性**がある（荷重を加えることを負荷、荷重を取り除くことを除荷という）。弾性が保たれる限界の点を**降伏点** (yield point) あるいは**弾性限** (elastic limit) という。降伏点に到るまで、すなわち**弾性域**では、軟鋼の応力度とひずみ度の関係は**比例関係**（**線形関係**）にあり、よく知られている**フックの法則** (Hooke's Law) が成り立つ。すなわち、**ヤング係数**を E とすると、$\sigma = E\varepsilon$ であり、降伏点においては $\sigma_y = E\varepsilon_y$ となる。

応力度のレベルが降伏点に達した後、応力度が一定のままでひずみが一気に進行する部分がある。この現象を**塑性流れ** (plastic flow) といい、応力－ひずみ曲線におけるこの部分を**降伏棚** (yield plateau) という。塑性流れがある程度進むと、再び応力が上昇し始める。これを**ひずみ硬化** (strain hardening) という。しかし、ひずみ硬化による応力の増大には限界があり、やがて**引張強さ** (tensile strength) σ_u と呼ばれる最大応力度に達する。すなわち、$\sigma_u A$ が、試験片が耐えることのできる**最大荷重**（**最大耐力**）となる。この引張強さにおけるひずみ度を**一様伸び** (uniform elongation) という。引張強さに到るまでは標点間が一様にひずむので、このような名前が付いている。引張強さに達すると試験片の平行部に**くびれ** (necking) が発生して一様なひずみ状態が乱され、それ以後は、ひずみの進行とともにくびれが拡大して応力が低下していく。そして、遂に、くびれたところから**破断**する。

上で述べた降伏点以降の領域を**塑性域**といい、応力度とひずみ度の間に比例関係が成立せず、**非線形**となる。さらに、この領域で除荷すると、もと来た負荷経路はたどらず、最初の弾性線に平行に除荷され（これを**弾性除荷** (elastic unloading) という）、負荷と除荷が**非可逆**過程となる。したがって、応力が0になってもひずみが残ったままとなる。これを**残留ひずみ** (residual strain) あるいは**永久ひずみ** (permanent set) という。

　このように、塑性域での除荷には弾性のリバウンドがあるので、除荷点のひずみと残留ひずみは等しくない。したがって、塑性域にも弾性の性質が残っているので、弾塑性域というのが正確な表現ではあるが、単に塑性域と呼ぶことが多い（完全な塑性のときは、除荷点のひずみと残留ひずみは等しい）。

　この応力－ひずみ曲線を眺めると、弾性域のひずみは全体のほんの僅かな部分を占めるに過ぎず、降伏したあとの塑性域ではあまり応力は増えないがひずみが非常に大きいところまで進行することに気付く。弾性限のひずみに対して最大耐力点におけるひずみは100倍にも達するのである。このような材料で作られている構造物も、当然、そのような挙動、すなわち弾性限が突破されても荷重を支えながら大きな変形に耐えられるということが予想されよう。

　ここで、塑性に関連する延性や靭性などの用語について説明しておこう。材料の塑性は、いろいろな変形様式で現れる。例えば、上で述べた引張力を加えると伸び（延び）として現れる。このように割れることなく塑性的に引き延ばされる性質を**延性** (ductility) という。また、圧力や打撃によって板や箔に拡げられる性質を**展性** (malleability) という。この他にも、**曲げ性** (bendability)、**深絞り性** (deep drawability)、**張出し性** (punch strechability) など（これらを総称して**成形性** (formability) という）があり、これらはすべて材料の塑性がもたらす性質である。塑性に類似した材料用語に**靭性** (toughness) がある。これは、材料に**切欠き** (notch) や**割れ** (crack) などの**きず** (defect) があるときにも、引張や曲げに耐えられ、破壊するまでに塑性を発揮できる性質をいい、**切欠き靭性**

(notch toughness) あるいは**破壊靱性** (fracture toughness) という組合せ用語で用いられることが多い。構造力学では、強さを維持しながら変形できる性質を靱性ということがあり（**粘り強さ**ともいう）、このときの靱性は英語の ductility に対応するので注意が必要である。靱性の反対語は**脆性** (brittleness) である。

1.3 構造物の塑性挙動

　塑性という性質をもった材料でつくられた構造物がどのような力学的挙動を示すか説明しよう。ただし、定量的な考察は後の章で塑性解析を学んでからとなるので、ここでは現象についてのみ説明する。図-1.3には門形ラーメンが水平力をうけて横方向に変形する様子が描いてある。図の上から下に向かって、徐々に荷重 P が増大し、それに伴って変形 δ も増えていく。そのときの荷重と変形の関係が図-1.4に描かれている。材料の応力－ひずみ関係と同様に、構造物の**荷重－変形関係**にも線形性のある弾性域と非線形な塑性域がある。

　先ず、図-1.3の①の段階では、荷重が小さく変形も小さい状態にある。この段階では、まだ材料の弾性が保たれているので、図-1.4の直線OYで示すように荷重に対して変形が比例的に増加する。この状態は、構造物のどこか一点が初めて降伏する②の段階まで維持される。②に到達したときの荷重を**降伏荷重**といい、構造物の能力から見たときはこれを**降伏耐力**という。弾性設計法（許容応力度設計法）では、この降伏荷重が超えてはならない限界荷重となる。弾性域では、荷重に釣合っている応力と変形に適合するひずみの間に前節で述べた可逆性があるので、荷重を取り除くと生じていた変形はすべてなくなり、元の状態（原点O）に完全にもどる。

　構造物の中の一点が降伏しても材料に塑性がある限り構造物が崩壊することはなく、降伏荷重を超える荷重をさらに支えることができる。それは、図の段階③-④-⑤に示すように降伏箇所が次々に飛び火し、**応力再配分** (redistribution of stress) が起こるからである。降伏した箇所は、変形の進行に伴ってひずみも増大するが、材料の塑性によって降伏応力度を維持することができるので荷重が低下しないのである。この応力再配分が進行する過程では、構造物の一部が降伏して塑性に入っているため、荷重を取り除くと弾性除荷が起こり、荷重が0になっても変形が残ったままとなる。これを**残留変形** (residual deformation) あるいは**永久変形**(permanent set) という。

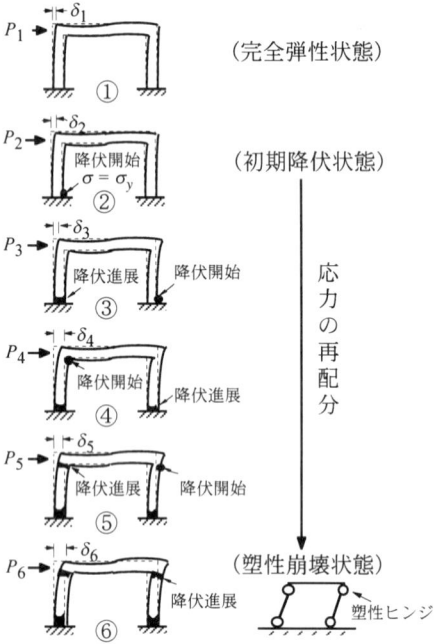

図-1.3 荷重の増大に伴う降伏の進行と応力の再配分

応力再配分による荷重の上昇は段階⑥で終焉を迎える。図では柱の4隅に降伏が進行して、あたかも、この部分がヒンジ（関節）となって、構造物が不安定となる様子が描かれている。これが**崩壊機構**あるいは**崩壊メカニズム** (collapse mechanism) といわれる状態で、そのときの荷重を**崩壊荷重** (collapse load) といい、構造耐力の視点からは**終局耐力** (ultimate strength) という。塑性設計法（終局耐力設計法ともいう）では、この崩壊荷重が超えてはならない限界荷重となる。塑性崩壊の状態を見つけ出し、崩壊荷重を計算する手法を**塑性解析** (plastic analysis) という。本書で習得すべきもっとも大切なことはこの塑性解析の技術である。

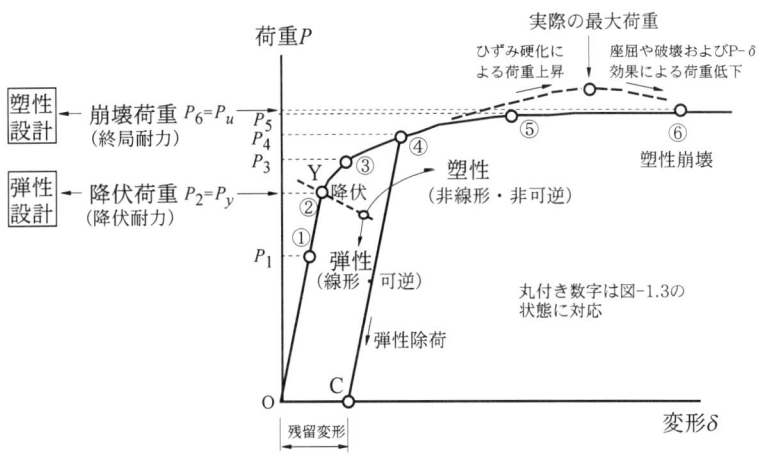

図-1.4 骨組の荷重－変形関係

塑性崩壊の状態において、ヒンジは**全塑性モーメント** (full plastic moment) と呼ばれる曲げモーメントを負担することができ、これによって水平力に耐えている。この曲げ耐力を有するヒンジを**塑性ヒンジ**あるいは**塑性関節** (plastic hinge) という。塑性ヒンジが、ある大きさの全塑性モーメントを維持したまま、いくらでも回転できるとすれば、段階⑥以降は応力の再配分が起こらないので、このときの荷重が構造物が支えることのできる最大荷重となる。

以上の塑性崩壊までのプロセスは実際の現象をやや理想化して説明したものである。実際には、材料が降伏した後、ひずみ硬化による応力上昇があるので、図-1.4の破線で示すように、応力再配分の進行過程で荷重も大きくなる。とこ

ろが、ひずみ硬化にも限界があり、しかも**座屈**や**破壊**などの不安定現象も起こりうる。また、構造物そのものの自重が横変位と相乗して**転倒モーメント** (overturning moment) を引き起こすので（これを P − δ **効果**という）、やがて、最大荷重に到達し、その後は荷重が低下するという経過をたどる。しかし、これらを2次的な影響にとどめる工夫さえすれば、塑性ヒンジの概念を用いた塑性解析によって工学的には満足できる精度で最大耐力を予測することができる。

1.4 塑性設計法

　上で見たように、構造物の挙動は降伏荷重を境に弾性挙動と塑性挙動に別れる。弾性挙動は可逆過程であるので除荷によって構造物は元の健全な状態にもどる。日常的な荷重や建物がその一生の間にほぼ確実に遭遇する荷重に対しては、その荷重が降伏荷重を上回らないように設計しておけば、弾性が保たれるので、建物の**機能**や**使用性**が維持され、また建物という財産を保全することができる。これが、**弾性設計法**の目標とするところである。

　しかし、自然の猛威は計りがたいところがあり、例えばマグニチュードが7を超えるような直下型大地震が建物を襲う可能性も否定できない。しかし、このような発生確率の極めて低い荷重に対して弾性設計することは不経済でもある。そこで、このような極限荷重に対して建物が降伏したとしても崩壊を防ぐことによって人命の**安全**を確保することが肝要となり、これを目標とするのが**塑性設計法**である。したがって、塑性設計法では、そのような極限荷重が崩壊荷重を超えないように設計する。これによって建物の崩壊を防止することができるが、建物を形づくっている材料の降伏は許容するので建物は損傷を受けることになり、財産的な価値は多かれ少なかれ失うことを覚悟しておかなければならない。

演習問題

1.1) 身の回りにある人工物で材料の塑性を利用して作られたものを挙げよ。

1.2) 次の文章の空白部を適切な用語で埋めよ。

A. 構造物に作用する荷重が小さいときは、荷重と変形の関係は1.＿＿＿＿＿で、荷重を取り去れば変形は2.＿＿＿＿、構造物は元の状態に戻る。しかし、荷重がある限界を超えると、荷重と変形の関係は3.＿＿＿＿となり、荷重を取り去っても変形が4.＿＿＿。この限界となる荷重を5.＿＿＿＿と呼んでいる。したがって、構造物の使用期間中に6.＿＿＿作用する荷重やほぼ確実に襲来する外力に対しては、その大きさが降伏荷重を超えないように設計するのが合理的である。これが7.＿＿＿＿＿＿の理念である。

B. ところで、構造物に作用する荷重と発生する変形の関係が、荷重が小さいときは1.＿＿＿で、荷重がある限界を超えると2.＿＿＿＿になるのは、構造材料そのものに弾性と3.＿＿＿＿があるからである。例えば、明瞭な4.＿＿＿＿を有する軟鋼では、作用する応力度がある限界以下、つまり5.＿＿＿＿＿以下では応力とひずみの関係は線形であり、それを超えると非線形となる。6.＿＿＿＿＿＿において、降伏点の手前の領域を7.＿＿＿＿、降伏点を超えた領域を8.＿＿＿と称している。弾性域で除荷すればひずみは9.＿＿＿に戻るが、塑性域で除荷すれば10.＿＿＿＿＿が生じる。許容応力度設計法は材料の弾性のみを利用するので11.＿＿＿＿＿＿＿とも呼ばれており、この分野の知見を提供するのが弾性力学である。

C. しかしながら、荷重が降伏荷重を超えたからといって、直ちに構造物が崩壊するわけではない。構造物の中のたった1点が降伏しても、1.＿＿＿＿＿＿や座屈などの不安定が生じない限り、材料が持っている2.＿＿＿によって、応力の3.＿＿＿＿が行われ、構造物を構成している複数の部材が次々に4.＿＿＿しながら、荷重がさらに5.＿＿＿＿していくのである。最終的には、6.＿＿＿＿＿＿＿と呼ばれる崩壊系が形成され、もはやそれ以上荷重は増加しなくなる。このときの荷重が構造物の7.＿＿＿＿＿と呼ばれているものであり、これを求める手法を8.＿＿＿＿と称している。

D. 構造物の使用期間中に起こる確率は極めて小さいが理論的には起こりうる極限の1.＿

よりも構造物の2.　　　　のほうが大きければ、構造物は使用期間中に崩壊することはない。大地震のような極めてまれにしか起こらない荷重に対して弾性設計することは3.　　　　であるので、材料が降伏した後の塑性を有効利用して、たとえ大きな4.　　　　が残ったとしても、5.　　を防止することによって人命の安全を確保しようとするのが6.　　　　の理念である。塑性設計法は、降伏耐力ではなく終局耐力に着目するので7.　　　　とも呼ばれており、この分野の知見を提供するのが塑性力学である。

1.3) 次の英文は本章の末尾に掲載した文献1.11) から引用したものである。その論点を100～150字程度の日本語でわかりやすく述べよ。

　　It has long been known that an indeterminate steel frame has a greater load-carrying capacity than that indicated by the allowable-stress concept. Such frames are able to carry increased loads above the yield value because structural steel has the capacity to yield. Although the allowable-stress concept is satisfactory for simple structures, its extension to indeterminate steel structures has overemphasized the importance of stress rather than strength as the basis of engineering design. Furthermore, it has introduced a complexity that is unnecessary for many structures.

　　Indeed, there is no basis for an assumption that at no time should the stress in a steel structure go beyond the elastic range. As a matter of fact, it is necessary to consider plasticity in all structural design. An actual structure is a complex body with an extremely complicated state of stress. It is an assembly of many individual members joined together to form a working unit. The individual structural elements, such as the beams and columns, come from the mills with residual stresses which are often over one-third the yield stress. In connecting the parts local stresses are produced by welding, by other fabrication and erection methods, and by misfits. There are over-all assembly stresses. The structure is sometimes pierced by many holes, reinforcements of all kinds (such as cover plates and stiffeners) are present, and many secondary stresses arise owing to continuity of the structure. Because of the deformations caused by the loading, bending and torsion may occur in what are assumed to be simple tension members, and axial force and torsion may occur in beams. As a consequence of these factors (the combination of unknown initial stress, stress concentration, and redistribution due to discontinuities of the structure), it is inevitable that local plastic flow will take place in any kind of design.

[ASCE-WRC: Plastic Design in Steel, p. 2 より引用]

参考図書

数理塑性学に関するもの

1.1) R. Hill : The Mathematical Theory of Plasticity, Oxford University Press, 1998 (reprinted, first published 1950)

1.2) W. Prager and P. G. Hodge, Jr. : Theory of Perfectly Plastic Solids, John Wiley, 1951

1.3) A. Nadai : Theory of Flow and Fracture of Solids, McGraw-Hill, 1950

1.4) W. Johnson and P. B. Mellor : Plasticity for Mechanical Engineers, Van Nostrand, 1962（清田堅吉他訳：塑性加工学 1 基礎の理論、同 2 加工の理論、培風館、1965）

1.5) A. Mendelson : Plasticity - Theory and Application, Krieger, 1968

1.6) 山田嘉昭：塑性力学、日刊工業新聞社、1965

塑性解析・塑性設計に関するもの

1.7) J. F. Baker, M.R. Horne and J. Heyman : The Steel Skeleton, Vol.2 Plastic Behaviour and Design, Cambridge University Press, 1956

1.8) L. S. Beedle : Plastic Design of Steel Frames, John Wiley, 1958

1.9) M. R. Horne : Plastic Theory of Structures, The M.I.T. Press, 1971

1.10) P. G. Hodge : Plastic Analysis of Structures, McGraw-Hill Book Co., 1959

1.11) ASCE-WRC : Plastic Design in Steel, American Society of Civil Engineers, 1971

1.12) M. A. Save and C. E. Massonnet : Plastic Analysis and Design of Plates, Shells and Disks, North-Holland, 1972

1.13) K. W. Johansen : Yield-line Theory, Cement and Concrete Association, 1962

1.14) 田中 尚:骨組の塑性力学、コロナ社、1963

1.15) 日本建築学会:鋼構造塑性設計指針、日本建築学会、1975

第2章

材料の力学モデル

2.1 材料の完全弾塑性モデル

　第1章で学んだように、構造物が外力に対して弾性と塑性を発現するのは、構造物を形づくっている材料にそもそも弾性と塑性があるからである。したがって、構造物の弾塑性挙動を知ろうとすれば、先ず、材料の弾塑性挙動をはっきりさせておく必要がある。そのとき、材料の力学的な数理モデルを作っておけば、構造物の弾塑性挙動を解析する手段が得られる。

　材料の力学的性質は、材料を一方向に引張力あるいは圧縮力を加えて、応力度とひずみ度の関係を調べることによって、おおよそのことがわかる。図-2.1には軟鋼、一般の金属、およびコンクリートの応力-ひずみ曲線の形がそれぞれ細実線で描かれている。グラフの第1象限は引張力によって生じる引張応力度と引張ひずみ度の関係が描かれており、第3象限には圧縮力によって生じる圧縮応力度と圧縮ひずみ度の関係が描かれている。

　この応力-ひずみ曲線の形は材料によって様々であり、一つに定めることはできない。例えば、第1章で紹介した軟鋼では、降伏点までは線形弾性であり、それ以降は降伏棚を経て、ひずみ硬化を起こす。しかし、これは金属のなかではやや特殊であり、アルミニウムや銅、ステンレス鋼など多くの金属は、線形弾性の領域が応力度の低い範囲に限られ、カーブの形は丸屋根型となる。

　金属では、ほとんどの場合、引張と圧縮でほぼ同じ応力-ひずみ曲線となり、

原点Oに関して点対称なカーブとなる。しかし、コンクリートでは引張力に対する抵抗はほとんど期待できないので、圧縮力に対する応力-ひずみ曲線だけが利用される。その形は、図に示すように丸屋根型である。普通コンクリートの圧縮強さは軟鋼の引張強さの1／10程度であるので、おおよそ、その比でカーブが描いてある。

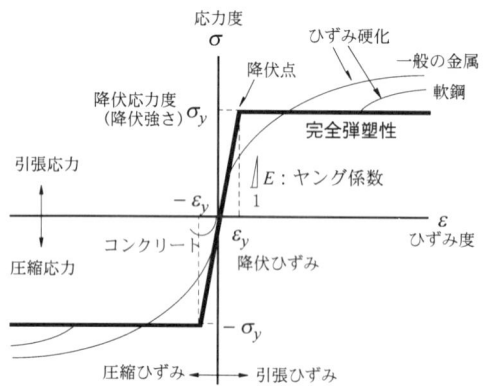

図-2.1　材料の応力-ひずみ曲線

このように、材料の**応力-ひずみ曲線**は材料によって異なる形となるので、正確には、用いる材料ごとにそれを考慮して構造物の塑性挙動を評価する必要がある。しかし、本書では、塑性挙動の基本的な性質を把握することに主眼を置くことにし、図の太実線で示すように、材料の応力-ひずみ曲線を引張と圧縮でそれぞれ2本の直線で表すことにする。これは軟鋼の応力-ひずみ曲線からひずみ硬化を除いたものに相当する。すなわち、降伏点までの弾性の直線と降伏点以降の塑性流れ（降伏棚）の水平線で構成される。このような応力-ひずみ特性を**完全弾塑性** (perfectly elastic-plastic) といい、その材料を**完全弾塑性材料**または**完全弾塑性体**という。さらに、特に断らない限り、引張と圧縮のカーブは原点Oに関して点対称、すなわち引張と圧縮で符号が異なるだけで同

2.2 組合せ応力における材料の降伏条件

じ応力-ひずみ曲線になるとする。これは、次のように表される。

$$\sigma = \begin{cases} E\varepsilon & (-\varepsilon_y < \varepsilon < \varepsilon_y) \\ \sigma_y & (\varepsilon \geq \varepsilon_y) \\ -\sigma_y & (\varepsilon \leq -\varepsilon_y) \end{cases} \quad (2.1)$$

ここで、Eはヤング係数、σ_yは降伏強さ、ε_yは降伏ひずみで、

$$\sigma_y = E\varepsilon_y \quad (2.2)$$

である。ただし、コンクリートのような場合には、圧縮領域（$\varepsilon \leq 0$）だけを考えることにする。

なお、図-2.2のように、完全弾塑性モデルの弾性部分を無視し降伏棚の部分のみを考慮した**完全剛塑性** (perfectly rigid-plastic) といわれるモデルを利用する場合もある。これは、（2.1）式において$E = \infty$とすることに対応し、$-\sigma_y < \sigma < \sigma_y$で$\varepsilon = 0$となる。このモデルは、かなり大きな塑性変形を伴い弾性変形を無視しても差し支えない場合に有効である。

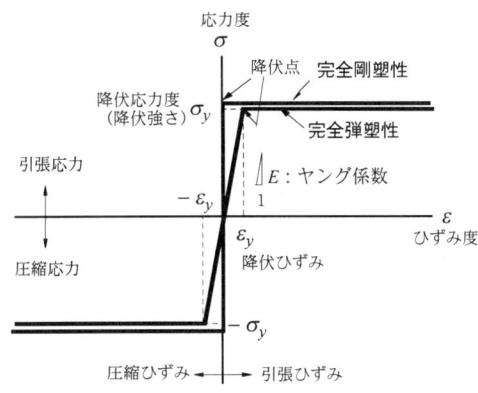

図-2.2 材料の完全弾塑性モデルと完全剛塑性モデル

2.2 組合せ応力における材料の降伏条件

材料が一方向に引張力あるいは圧縮力を受けたときの降伏応力度σ_yは材料固

有の特性値であり一方向載荷試験により求めることができる。それでは、二方向あるいは三方向から応力度が作用したり、さらにこれにせん断応力度が加わるような場合（これを**組合せ応力状態** (combined stress state) あるいは**多軸応力状態** (multi-axial stress state) という）には、どのような条件で材料は降伏するのであろうか。この材料の**降伏条件** (yield criterion) については今まで多くの説が提唱されてきた（拙著『建築の力学　弾性論とその応用』技報堂出版、第8章参照）。この中で、金属のような塑性を有する材料において、今日、実験的な検証を経て妥当と考えられているのは、**トレスカの説**（最大せん断応力説）と**ミーゼスの説**（最大せん断ひずみエネルギー説）である。特に、数学的な扱いやすさから、ミーゼスの説がよく用いられている。

ミーゼスの降伏条件 (Mises yield criterion) は、3次元物体の一般的な応力状態の場合、次のように表される。

$$\frac{1}{2}\cdot\left[(\sigma_1-\sigma_2)^2+(\sigma_2-\sigma_3)^2+(\sigma_3-\sigma_1)^2\right]=\sigma_y^2 \tag{2.3}$$

または

$$\frac{1}{2}\left[(\sigma_X-\sigma_Y)^2+(\sigma_Y-\sigma_Z)^2+(\sigma_Z-\sigma_X)^2+6\left(\tau_{XY}^2+\tau_{YZ}^2+\tau_{ZX}^2\right)\right]=\sigma_y^2 \tag{2.4}$$

ここで、(2.3)式は応力の3つの主軸を座標系として表したもので、$\sigma_1, \sigma_2, \sigma_3$は**主応力度** (principal stress) である。(2.4)式は、一般の$X-Y-Z$座標系で表したもので、$\sigma_X, \sigma_Y, \sigma_Z$は**直応力度** (normal stress)、$\tau_{XY}, \tau_{YZ}, \tau_{ZX}$は**せん断応力度** (shear stress) である。σ_yは一軸引張あるいは一軸圧縮における降伏応力度で、引張と圧縮で等しいとしてある。

2次元（1-2平面あるいは$X-Y$平面）の応力状態では、$\sigma_3=0$、$\sigma_Z=\tau_{YZ}=\tau_{ZX}=0$より、

$$\sigma_1^2-\sigma_1\sigma_2+\sigma_2^2=\sigma_y^2 \tag{2.5}$$

$$\sigma_X^2-\sigma_X\sigma_Y+\sigma_Y^2+3\tau_{XY}^2=\sigma_y^2 \tag{2.6}$$

となる。

さらに、1次元（1方向あるいはX方向）の応力状態では、σ_1またはσ_X以

外は0であるので、

$$\sigma_1^2 = \sigma_y^2 \tag{2.7}$$

$$\sigma_X^2 = \sigma_y^2 \tag{2.8}$$

となり、これは上で述べた一軸引張あるいは一軸圧縮での材料試験において降伏している状態にほかならない。

純せん断 (pure shear) の平面応力状態では、(2.6)式において $\sigma_X = \sigma_Y = 0$ とおくと、**降伏せん断応力度** τ_y が次のように定まる。

$$\tau_y = \frac{\sigma_y}{\sqrt{3}} \tag{2.9}$$

これは、降伏せん断応力度が降伏直応力度の $1/\sqrt{3} = 0.577$ であり、直応力度に対してよりもせん断応力度に対してのほうが降伏しやすいことを表している。なお、トレスカ説では $\tau_y = \frac{\sigma_y}{2}$ となるが、本書では、特に断らない限り、ミーゼス式を用いることにする。

演習問題

2.1) 図のような3本の棒で構成された並列系と直列系の構造物の最大荷重を求めよ。3本のうち2本は断面積が A で、1本は $2A$ とする。ただし、棒の材料は3本とも降伏応力度が σ_y の完全弾塑性材料とする。

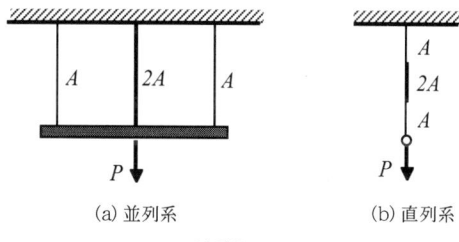

演習図-2.1

2.2) 完全弾塑性材料で作られた円形断面の棒にねじりモーメントが作用したとき、棒が耐えることのできる最大ねじりモーメントを求めよ。円形断面の半径をa、材料の降伏応力度をσ_yとし、ミーゼスの降伏条件に従うものとする。

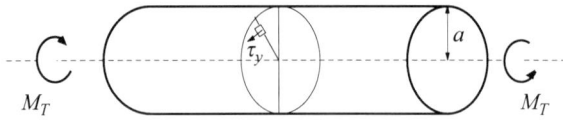

演習図-2.2

2.3) 降伏応力度がσ_yでミーゼスの降伏条件に従う立方体をした物体がある。これを深海に沈めた場合、つぎの問いに答えよ。

(1) 深さがいくらになると降伏するか。

(2) 相対する二つの面に引張力を加えたときの降伏応力度は深さによってどのように変化するか。

第3章

軸力材の塑性挙動

3.1 一様な断面をもつ軸力材

　引張力あるいは圧縮力が断面の図心に作用する部材をそれぞれ**引張材** (tensile member)、**圧縮材** (compressive member) といい、両者をあわせて**軸力材** (axial member) という。図-3.1のような軸力材では、断面に均一なひずみ度と応力度が生じる。さらに、断面が材軸方向に変化せず一様であるならば、ひずみ度と応力度は部材のどこにおいても均一に分布する。この場合には、軸力と軸変形（伸びまたは縮み）は次式で表されるので、両者の関係は、図-3.2に示すように、材料試験で得られる応力度とひずみ度の関係と相似になる。

$$N = \sigma A \tag{3.1}$$

$$\delta = \varepsilon L \tag{3.2}$$

ここで、Nは軸力、δは軸変形、Aは断面積、Lは長さ、σは軸方向応力度、εは軸方向ひずみ度である。なお、引張を正、圧縮を負で表すことにする。

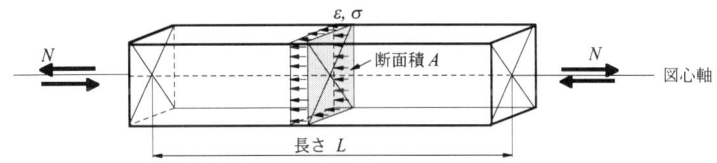

図-3.1　一様な断面をもつ軸力材の応力度とひずみ度の分布

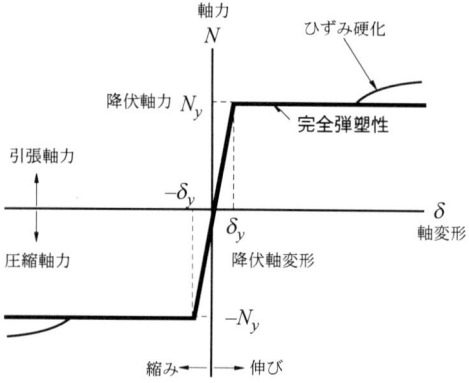

図-3.2　一様な断面をもつ軸力材の軸力と軸変形の関係

このような一様な断面を持つ軸力材では、全断面が同時に降伏する。そのときの軸力と軸変形は、

$$N_y = \sigma_y A \tag{3.3}$$

$$\delta_y = \varepsilon_y L \tag{3.4}$$

で表される。N_y, δ_y をそれぞれ**降伏軸力** (yield axial strength)、**降伏軸変形** (yield axial deformation) という。σ_y, ε_y はそれぞれ材料の降伏応力度と降伏ひずみ度である。弾性限まではフックの法則が成り立つので、両者に $\sigma_y = E\varepsilon_y$ の関係があることから、

$$N_y = \frac{EA}{L}\delta_y \tag{3.5}$$

である。

材料が完全弾塑性であれば、この降伏軸力が最大軸力となるが、ひずみ硬化があれば応力度は最大強さ σ_u まで達するので、軸力も次式で表される**最大軸力** (ultimate axial strength) に達する。

$$N_u = \sigma_u A \tag{3.6}$$

材料の最大強さにおけるひずみ度を ε_u とすると、最大軸力に達したときの軸

変形は次式で表される。

$$\delta_u = \varepsilon_u L \tag{3.7}$$

金属の場合には、圧縮では材料の最大強さは無限と考えられるが、実際の構造物では座屈によって圧縮の最大強さが決まる。

3.2 断面欠損のある軸力材

次に、図-3.3(a)のような孔が明いている引張材について考えてみよう。これは、ボルト接合された**筋かい**（**ブレース**）などによく見られる例である。この場合、孔を通る断面に生じる応力度やひずみ度は一様に分布しないので、上で述べた一様な断面とは異なる挙動をする。

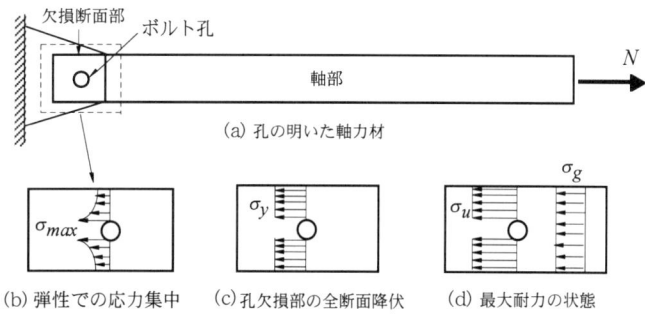

図-3.3 孔の明いた軸力材の応力分布

先ず、軸力が小さく孔を通る断面が降伏していない段階では、図(b)のように孔に接する位置で応力度とひずみ度にピークが生じる。これを**応力集中** (stress concentration) あるいは**ひずみ集中** (strain concentration) という。孔から離れるにつれて応力度とひずみ度は減衰し、ある程度離れると一定値に収束する。このような場合、応力集中による最大応力度 σ_{max} が材料の降伏応力度 σ_y に達し

たときに降伏が始まる。このときの軸力を**応力集中を考慮した降伏軸力**といい、荷重と伸びの関係を表した図-3.4のグラフのY''点になる。ここまでは、線形弾性が保たれる。このときの荷重は、

$$N_y'' = \frac{1}{\alpha}\sigma_y A_e \tag{3.8}$$

で表される。ここで、αは**応力集中係数** (stress concentration factor) と呼ばれるもので、$\alpha = \dfrac{\sigma_{\max}}{\sigma_{ave}} = \dfrac{\sigma_{\max}}{N/A_e}$で定義される。$A_e$は全断面積$A$から孔による**欠損断面積**を差し引いた**有効断面積**と呼ばれるものである。

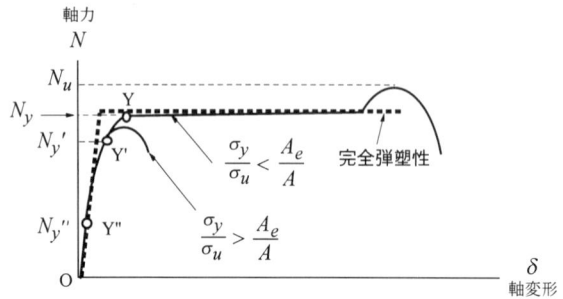

図-3.4 断面欠損のある軸力材の軸力と軸変形の関係

孔に接したところが降伏したあと、材料が完全弾塑性であれば、断面内で応力の再配分が起こり、やがて、孔を通る断面の全体が降伏して、図(c)の状態に至る。そのときの軸力N_y'を**欠損断面部の全断面降伏軸力**といい、N_y'は次式で表される(実際には、多軸応力状態になるので降伏現象はもっと複雑になるが、ここではこれを2次的なものと考えて無視する)。この状態は図-3.4のY'点になる。

$$N_y' = \sigma_y A_e \tag{3.9}$$

材料にひずみ硬化があれば、さらに応力度が上昇し、図(d)の段階に達して最大軸力を迎えることになる。**最大軸力**は次式で与えられる。

$$N_u = \sigma_u A_e \tag{3.10}$$

ここで、σ_u は材料の引張強さである。最大軸力に達した後は、軸力が低下し、最終的に孔欠損部で破断する。

以上では、孔の中心を通る断面について見たが、孔から離れた位置すなわち全断面が有効に働く部分（**軸部**という）はどのようになるであろうか。軸力が(3.9)式の $N_y{}'$ 以下では、軸部は明らかに降伏せず、弾性のままである。軸部が降伏したとすると、そのときの軸力は、

$$N_y = \sigma_y A \tag{3.11}$$

で表され、図-3.4のY点に位置する。軸力が最大軸力 N_u に達するまでに軸部が降伏する条件は、

$$N_y < N_u \qquad \therefore \sigma_y A < \sigma_u A_e \tag{3.12a}$$

で表される。変数を移項して整理すると、上式は次のようにも表現される。

$$\frac{\sigma_y}{\sigma_u} < \frac{A_e}{A} \tag{3.12b}$$

上式の左辺 σ_y/σ_u を材料の**降伏比** (yield ratio) といい、右辺を**有効断面積比**という。(3.12)式が満たされているときは、最大荷重に達するまでに、長さが充分ある軸部が降伏するので、部材には大きな塑性伸びが発生する。逆に、上式が満たされていないときには、最大荷重に達するまで軸部は降伏せず弾性にとどまるので、破断までの塑性伸びは孔周辺に限られるためほとんど期待できない。その違いは、図-3.4の2つの実線で示す通りである。

塑性設計を行うときは、部材の十分な塑性変形を前提とするので、ボルト孔のような欠損がある場合には、上の(3.12)式を満足するように、材料の降伏比と有効断面積比に注意しなければならない。これが、満足されているときには、図-3.4の破線で示すように、軸力と軸変形の関係を完全弾塑性で近似できる。このときの降伏耐力は軸部の降伏軸力となり、前の節で述べた孔欠損がないときの挙動とほとんど同じとみなすことができる。すなわち、(3.12)式が満たされているとき、断面欠損のある軸力材の N と δ の関係は次式で近似して、塑性

解析に用いることができる。

$$N = \begin{cases} \sigma_y A \dfrac{\delta}{\delta_y} & (\delta \leq \delta_y) \\ \sigma_y A & (\delta > \delta_y) \end{cases} \quad (3.13)$$

3.3 変断面の軸力材

図-3.5(a)のような幅が直線的に変化する変断面材の塑性挙動について説明しておこう。この場合には、断面内の応力とひずみの分布は均一であるが、材軸方向には一様でなくなる。したがって、材軸方向の伸びが一様でないことに注意が必要である。材料は図(b)のように、ひずみ硬化するものとしよう。ひずみ硬化がなければ、このような変断面材の塑性変形は期待できないことが後で判明する。

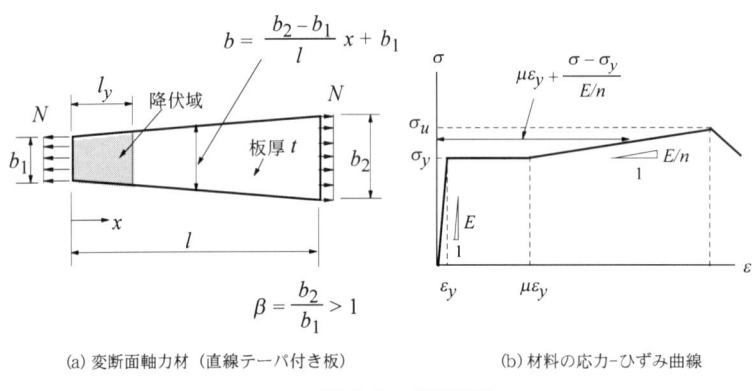

(a) 変断面軸力材（直線テーパ付き板）　　(b) 材料の応力-ひずみ曲線

図-3.5　変断面材

発生する応力度が最大となる最小断面（図では左端）が最初に降伏する。その後は、ひずみ硬化によって最小断面の応力度が上昇し、材料の最大強さに達したところで最大軸力を迎える。その後は、最小断面部がくびれながら軸力が

3.3 変断面の軸力材

低下し、最終的に破断することになる。降伏軸力と最大軸力は図で示した記号を用いると次式で表される。

$$N_y = \sigma_y b_1 t = E\varepsilon_y b_1 t \tag{3.14}$$

$$N_u = \sigma_u b_1 t \tag{3.15}$$

先ず、最小断面が降伏する前、すなわち部材がすべて弾性の状態における部材の伸びを計算してみよう。

$N \leq N_y$ において、

$$\delta = \int_0^l \varepsilon dx = \int_0^l \frac{\sigma}{E} dx = \int_0^l \frac{N}{Ebt} dx = \frac{N}{Et}\int_0^l \left(\frac{b_2-b_1}{l}x + b_1\right)^{-1} dx$$

積分計算をして整理すると、次式が得られる。

$$\delta = \varepsilon_y l \cdot \frac{\ln\beta}{\beta-1} \cdot \frac{N}{N_y} \tag{3.16}$$

ここで、$\beta = b_2/b_1$ とした。ただし、$\beta > 1$ である。ちょうど降伏軸力に達したときの軸変形 δ_y は、$N = N_y$ より、次式で与えられる。

$$\delta_y = \varepsilon_y l \cdot \frac{\ln\beta}{\beta-1} \tag{3.17}$$

最小断面が降伏してから最大軸力に達する間に、図(a)に示すように降伏する領域が左端から右方向へ徐々に進行し、その部分の降伏ひずみが部材の塑性変形をもたらすことになる。降伏域の長さを l_y とすると、

$$N = \left(\frac{b_2-b_1}{l}l_y + b_1\right)t\sigma_y$$

の関係から、l_y が次のように決まる。

$$l_y = \frac{l}{b_2-b_1}\left(\frac{N}{t\sigma_y} - b_1\right) = \frac{l}{\beta-1}\left(\frac{N}{N_y} - 1\right) \qquad ただし、l_y \leq l$$

したがって、$N_y \leq N \leq N_u$ において、

$$\delta = \int_0^l \varepsilon dx = \int_0^{l_y} \varepsilon dx + \int_{l_y}^l \varepsilon dx = \int_0^{l_y}\left(\mu\varepsilon_y + \frac{\sigma-\sigma_y}{E/n}\right)dx + \int_{l_y}^l \frac{\sigma}{E} dx$$

ここで、$\sigma = \dfrac{N}{bt} = \dfrac{N}{t}\left(\dfrac{b_2-b_1}{l}x + b_1\right)^{-1}$

となる。積分演算を行って整理すると、最終的に次式が得られる。

$$\frac{\delta}{\delta_y} = \frac{N}{N_y} + \frac{1}{\ln\beta}\cdot\left[(\mu-n)\cdot\left(\frac{N}{N_y}-1\right) + (n-1)\cdot\frac{N}{N_y}\cdot\ln\left(\frac{N}{N_y}\right)\right] \tag{3.18}$$

ただし、N/N_yの範囲は、
$$1 \leq \frac{N}{N_y} \leq \frac{N_u}{N_y} = \frac{\sigma_u}{\sigma_y}$$
である。

具体的に、$\beta=2$、$\mu=20$、$n=160$の数値を用いて、上の関係式を$\frac{N_u}{N_y} \leq 1.5$の範囲でグラフで表すと、図-3.6のようになる。このグラフから読み取るべき大切なことは、N_u/N_yが大きいほど大きな塑性変形が生じるということである。もし、材料がひずみ硬化のない完全弾塑性材料であれば、$\frac{N_u}{N_y}=1$となるので、最大軸力における軸変形はδ_yであり、塑性変形が生じない。また、$\frac{N_u}{N_y}=\frac{\sigma_u}{\sigma_y}$の関係があるので、材料の降伏比が低いほど塑性変形は大きくなり、降伏比が1の完全弾塑性材料では塑性変形は0となってしまう。また、断面の変化が急激になりβが大きくなると、塑性変形が小さくなることが(3.18)式から明らかである。

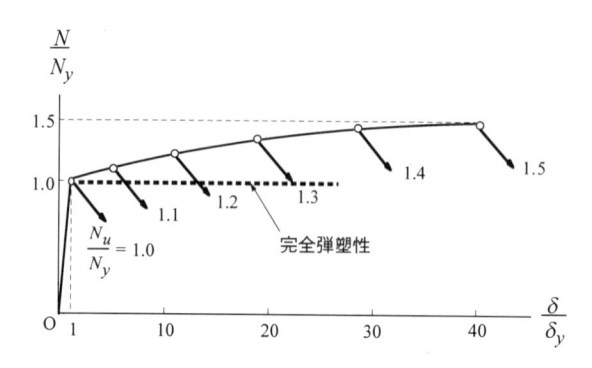

図-3.6　変断面材の軸力と軸変形の関係

塑性設計では、充分な塑性変形が確保されていることが大切であるので、孔明き材の場合と同様に、変断面材においても材料の降伏比と形状の変化率に注意が必要である。図-3.6のように、変断面材では降伏後、直ちにひずみ硬化によって軸力が上昇するので完全弾塑性とはみなせないが、設計ではひずみ硬化

を無視して完全弾塑性モデルに置換することがある。これは安全側の措置となる。

演習問題

3.1) 材料が完全弾塑性のとき、孔の明いた軸力材の軸力と軸変形の関係は完全弾塑性とはみなせない。その理由を述べよ。

3.2) 図の双曲線をした変断面の板を引張ったとき、次の問に答えよ。材料の応力-ひずみ曲線は図に示すものとする。
(1) 降伏軸力 N_y と最大軸力 N_u を $b_o, t, \sigma_y, \sigma_u$ で表せ。
(2) 降伏軸力における標点間の伸び δ_y を ε_y, l で表せ。
(3) 軸力が最大軸力に達したとき、降伏している領域の片側長さ l_y を l, σ_y, σ_u で表せ。
(4) 最大軸力における標点間の伸び δ_u が上で求めた δ_y の何倍になるか計算せよ。

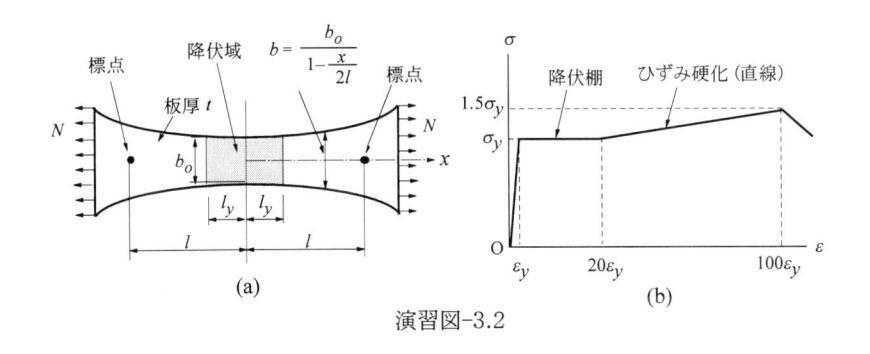

演習図-3.2

第3章「軸力材の塑性挙動」

第4章

梁の塑性挙動

4.1 曲げモーメント－曲率の関係

曲げモーメントが作用する部材は**曲げ材**あるいは**梁** (beam) と呼ばれている。曲げモーメントと当時に軸力が作用する部材は梁-柱 (beam-column) といわれ、これについては次章で扱う。曲げ材の断面は、その中立軸を境に片側は圧縮の状態になり反対側は引張の状態になる。圧縮側は縮み、引張側は伸びるので、曲げ材は図-4.1に示すように彎曲し、たわみが生じる。彎曲の度合いは**曲率** (curvature) ϕ で表され、弾性の場合には、

$$M = EI\phi \tag{4.1}$$

の関係が、平面保持の仮定から導かれることを弾性学で学んでいる（拙著『建築の力学－弾性論とその応用』第3章、技報堂出版）。ここで、Mは曲げモーメント、Eはヤング係数、Iは断面2次モーメントで、EIを曲げ剛性という。

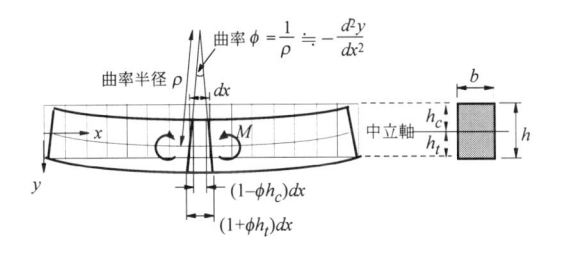

図-4.1 曲げモーメントによって生じる曲率

それでは、断面が降伏して弾性が失われた後はどのようになるであろうか。その様子を**長方形断面**について示したのが図-4.2である。図の上段は断面内のひずみ分布、下段はそれに対応する応力分布が描かれている。このとき、ひずみ分布は降伏したあとも平面保持の仮定に従うものとしている。**平面保持の仮定**は**ベルヌイ-オイラーの仮定**ともいわれ、材軸に垂直な断面は梁がたわんだ後もたわみ曲線に垂直な平面を保つという仮定で、弾性と塑性にかかわらず十分な精度をもって成立することが経験的に確かめられている。

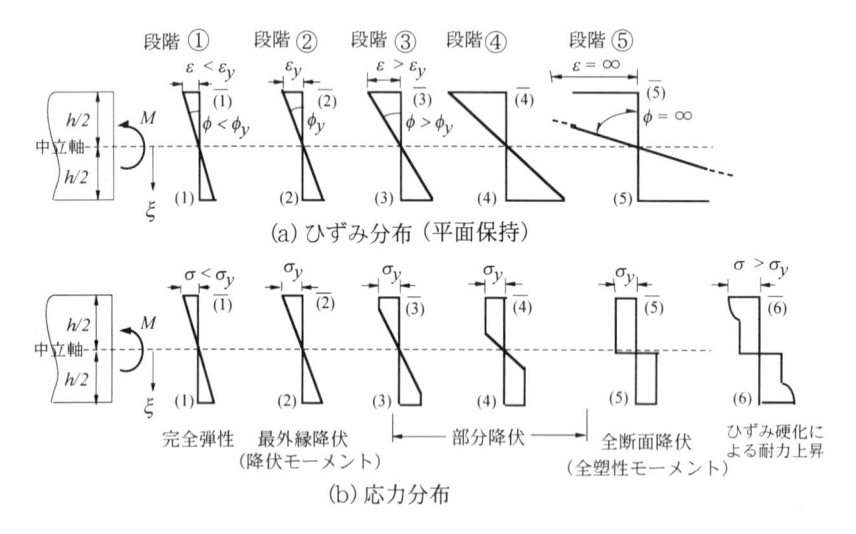

(a) ひずみ分布（平面保持）

(b) 応力分布

図-4.2　梁の断面の応力とひずみの分布（長方形断面の場合）

平面保持の仮定を用いると、断面に生じるひずみは曲率ϕと中立軸からの距離ξに比例し、

$$\varepsilon = \phi \xi \tag{4.2}$$

で表される。したがって、中立軸から最も離れた最外縁のひずみが最も大きくなる。

4.1 曲げモーメントと曲率の関係

先ず、図-4.2の段階①では作用する曲げモーメントが小さく、最外縁のひずみが材料の**降伏ひずみ** ε_y に達しておらず、したがって最外縁の応力も**降伏応力度** σ_y に達していないので、断面全体が弾性にとどまっている。この状態は段階②まで維持され、②では最外縁のひずみと応力がそれぞれ ε_y, σ_y に達して、最外縁が降伏を開始する。これを**最外縁降伏**の状態といい、このときの曲率 ϕ_y を**降伏曲率**、曲げモーメント M_y を**降伏モーメント** (yield moment) という。

最外縁が降伏したあとも、曲率 ϕ が増大し、ひずみ ε は平面保持の仮定に従って、段階③、④のように増えていく。しかしながら、応力のほうは、**完全弾塑性材料**では降伏応力度 σ_y を超えることができないので、最外縁で σ_y のまま降伏領域が最外縁から断面の中心に向かって進行する。中心部では、ひずみが ε_y に達していないので弾性のままである。これを**部分降伏** (partial yielding) の状態という。

断面の曲率がさらに増大し、その極限として $\phi \to \infty$ を考えると、断面の中心部においてもひずみが降伏ひずみを超え、断面全体が降伏することになる。これが段階⑤である。図では中立軸の上側がすべて圧縮の降伏応力度、下側がすべて引張の降伏応力度になっている。この状態を**全断面降伏** (general yielding) あるいは**全塑性** (full-plastic) の状態といい、そのときの曲げモーメント M_p を**全塑性モーメント** (full-plastic moment) という。M_p は塑性設計における重要な設計変数となる。ただし、実際の金属材料では、**ひずみ硬化**があるので曲げモーメントは M_p を超えることも知っておく必要がある。

以上の各段階における引張側最外縁と圧縮側最外縁の応力とひずみが材料の応力-ひずみ曲線のどこに位置しているかを示したのが図-4.3である。例えば、段階②において、引張側最外縁(2)と圧縮側最外縁($\bar{2}$)は応力-ひずみ曲線上の引張側と圧縮側の降伏点にちょうど位置している。段階③~⑤では最外縁の応力とひずみは降伏棚の上にある。

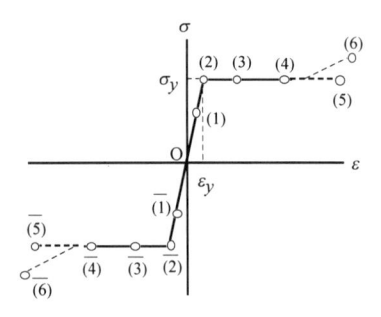

図-4.3 最外縁の応力とひずみの状態(番号は図-4.2に対応)

段階①～⑤における曲げモーメントと曲率の関係を結んでいくと、図-4.4のような曲線が描かれる。これを**曲げモーメント－曲率曲線**（$M-\phi$曲線）という。ここで、用いた長方形断面について$M-\phi$曲線の方程式を導いてみよう。

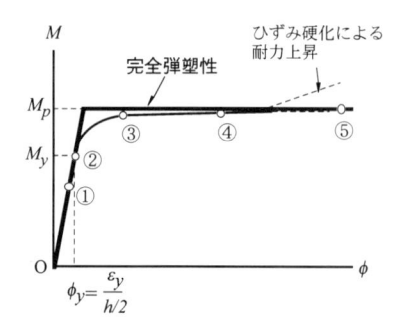

図-4.4 曲げモーメントと曲率の関係（○数字は図-4.2に対応）

先ず、段階②の最外縁降伏までは、弾性学の知見によると$M = EI\phi$であるが、念のため計算してみると、次のように確認できる。

$$M = \int_A \sigma \xi dA = \int_A E\varepsilon\xi dA = \int_A E\phi\xi^2 dA = EI\phi \quad (\phi \leq \phi_y \text{のとき}) \quad (4.3)$$

$$\therefore \int_A \xi^2 dA = I$$

これは、Mとϕが線形関係にあることを表しており、図-4.4の原点Oと②を

4.1 曲げモーメントと曲率の関係

結んだ直線である。②における降伏モーメントは次式となる。

$$M_y = EI\phi_y = EI\frac{2\varepsilon_y}{h} = EI\frac{2\sigma_y}{Eh} = E\frac{bh^3}{12}\frac{2\sigma_y}{Eh} \qquad \therefore M_y = \frac{1}{6}bh^2\sigma_y \qquad (4.4)$$

ここで、右辺の係数 $\frac{1}{6}bh^2$ は弾性学で学んだ断面係数である。

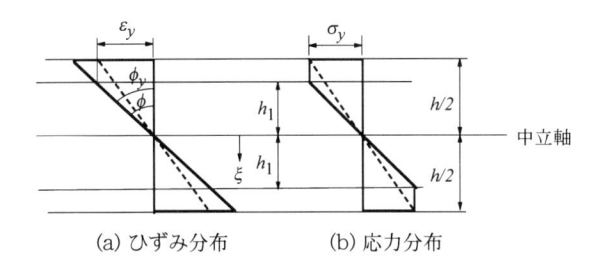

図-4.5　部分降伏した断面のひずみと応力の分布（長方形断面）

次に、$\phi > \phi_y$ となる部分降伏の状態について曲げモーメントを計算してみよう。図-4.5のように中立軸から h_1 までが弾性で、その外側が降伏しているとすると、

$$M = \int_A \sigma \xi dA = 2\int_0^{h/2} \sigma \xi b d\xi = 2\left[\int_0^{h_1} \sigma b \xi d\xi + \int_{h_1}^{h/2} \sigma b \xi d\xi\right]$$

となる。[ ]内の第1項は弾性部分であるので $\sigma = \sigma_y \frac{\xi}{h_1}$、第2項は塑性部分であるので $\sigma = \sigma_y$ を代入すると、

$$M = 2\left[\int_0^{h_1} \sigma_y \frac{b}{h_1}\xi^2 d\xi + \int_{h_1}^{h/2} \sigma_y b\xi d\xi\right] = 2\sigma_y\left[\frac{b}{h_1}\frac{h_1^3}{3} + \frac{b}{2}\left(\frac{h^2}{4}-h_1^2\right)\right] = 2\sigma_y\left(\frac{bh^2}{8}-\frac{bh_1^2}{6}\right)$$

ここで、$\varepsilon_y = h_1\phi = \frac{h}{2}\phi_y$ の関係から $h_1 = \frac{h}{2}\cdot\frac{\phi_y}{\phi}$ を上式に代入すると、

$$M = \frac{bh^2}{4}\sigma_y - \frac{bh^2}{12}\sigma_y\left(\frac{\phi_y}{\phi}\right)^2 = M_y\left[\frac{3}{2}-\frac{1}{2}\left(\frac{\phi_y}{\phi}\right)^2\right] \qquad (4.5)$$

が得られる。M_y は(4.4)式で既に与えられている。この(4.5)式が図-4.4の②～⑤までの軌跡である。$\phi \to \infty$ のとき $M \to M_p$ であるので、$M_p = \lim_{\phi\to\infty} M$ を計算すると、

$$M_p = \frac{3}{2}M_y = \frac{1}{4}bh^2\sigma_y \qquad (4.6)$$

であることがわかる。

　ここでは、降伏した後の$M-\phi$曲線を長方形断面について計算したが、その曲線の方程式は断面の形によって微妙に変化する。そこで、材料の応力-ひずみ曲線を完全弾塑性で近似したように、$M-\phi$曲線についても図-4.4の太実線で示すように、$0 \leq M \leq M_p$の範囲では$M = EI\phi$で表される直線とし、M_pに達した後はM_pを維持しながらいくらでも曲率が進行する水平線とする**完全弾塑性**で表すと、後の章で行う塑性解析が簡単になる。この近似によって、部分降伏の過程の細部が無視されることになるが、塑性解析によって崩壊荷重を求めるという目的においては、それほど大きな誤差は生じないことが実験で確認されている。

4.2　塑性中立軸

　弾性学で学んだように、曲げモーメントが作用する梁は、弾性である限り、中立軸は断面の図心を通り、中立軸の位置は曲げモーメントの大きさが変化しても移動することはない。ところが、降伏した梁では、必ずしもそのようにはならない。**中立軸の移動**は非対称な断面で起こり、前節の長方形断面のような対称断面では起こらない。ただし、対称断面でも材料の応力-ひずみ曲線が引張と圧縮で対称でない場合には中立軸の移動が生じる。

　このことを図-4.6のT形断面で説明しよう。**図心**はウェブの中心線上のフランジに近いところにあり、最外縁の応力度（この場合、ウェブの先端）が降伏応力度に達するまでは、中立軸は図心を通る（図(b)）。このとき、中立軸の上側の圧縮応力度の合力と下側の引張応力度の合力は等しく、断面全体の合力は軸力が存在しないのでちょうど0となっている。弾性では応力度が中立軸からの距離に比例して三角形に分布するということから、中立軸と図心軸が一致することが導かれる。

4.3 塑性断面係数と全塑性モーメント

ところが、降伏が進行する過程では、最外縁の応力度がσ_yで頭打ちになるので、図(c)のような分布になる。ここで、もし中立軸の位置が図(b)と同じGであるとすると、中立軸の上側の三角形AGCがつくる圧縮合力と中立軸の下の四角形B'B''GDがつくる引張合力は等しくない。なぜなら、三角形BGDから欠けた三角形BB'B''の分だけ引張合力が不足し、圧縮合力が過剰になるからである。したがって、部分降伏での中立軸は図心Gから上方のG'に移動することになり、それによって圧縮合力と引張合力が釣合うことになる。降伏が進行すれば、欠けた部分すなわち三角形BB'B''が大きくなるので、中立軸は少しずつ上に移動していくことになる。

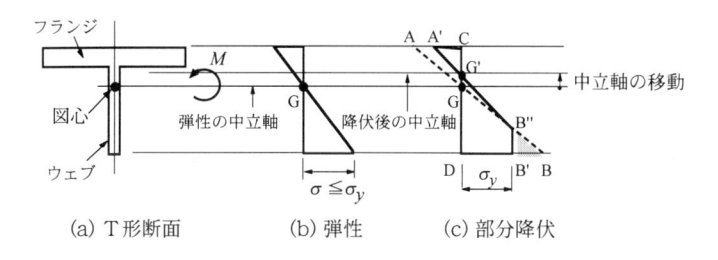

図-4.6 非対称断面の降伏による中立軸の移動（T形断面の場合）

4.3 塑性断面係数と全塑性モーメント

ここで、全塑性モーメントについてまとめておくことにしよう。図-4.7の長方形断面で説明する。

その前に、先ず、弾性学で学んだ降伏モーメントについて復習しておこう。降伏モーメントM_yは、断面の最外縁が降伏し始めるときの曲げモーメントで、図(a)のように応力度分布は上下の三角柱で表される。中立軸を境に圧縮側と引張側の合力は等しく、それぞれ$\frac{1}{2}\sigma_y\frac{h}{2}b$であり、向きが逆であるので偶力となる。その腕の長さは$\frac{2h}{3}$である。この偶力によるモーメントがM_yに等しいので、

$$M_y = \frac{1}{2}\sigma_y \frac{h}{2} b \times \frac{2}{3}h = \frac{bh^2}{6}\sigma_y$$

となる。これを次のように断面の特性値 Z_e と材料の特性値 σ_y の積で表す。

$$M_y = Z_e \sigma_y \tag{4.7}$$

ただし、$Z_e = \dfrac{bh^2}{6}$ （長方形断面の場合） (4.8)

Z_e は弾性学で学んだ断面係数である。ここでは、次に出てくる塑性断面係数と区別するために**弾性断面係数** (elastic section modulus) と呼ぶことにする。

(a) 降伏モーメント　　(b) 全塑性モーメント

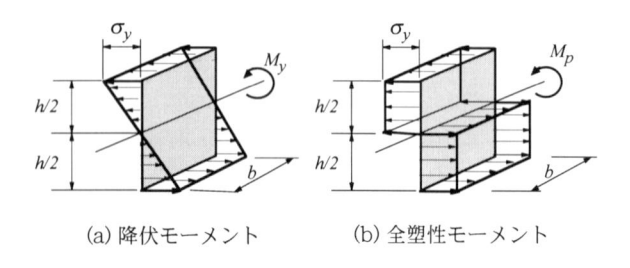

図-4.7　長方形断面の降伏モーメントと全塑性モーメント

次に、全塑性モーメントは、全断面が降伏するときの曲げモーメントである。このときの応力分布は、図(b)に示すように、中立軸を境に上下の直方体で表される。引張側と圧縮側の合力は等しく、それぞれ $\sigma_y \dfrac{h}{2}b$ の偶力となり、その腕の長さは $\dfrac{h}{2}$ であるので、全塑性モーメントは、

$$M_p = \sigma_y \frac{h}{2} b \times \frac{h}{2} = \frac{bh^2}{4}\sigma_y$$

となる。これを次のように書く。

$$M_p = Z_p \sigma_y \tag{4.9}$$

ただし、$Z_p = \dfrac{bh^2}{4}$ (4.10)

Z_p を**塑性断面係数** (plastic section modulus) という。

上で得られた M_y と M_p の比をとると、

4.3 塑性断面係数と全塑性モーメント

$$f = \frac{M_p}{M_y} = \frac{Z_p \sigma_y}{Z_e \sigma_y} = \frac{Z_p}{Z_e} \tag{4.11}$$

となる。f を**形状係数**(shape factor)という。長方形断面では $f=1.5$ である。これは、断面の最外縁が降伏してから全断面が降伏するまでに、1.5倍のモーメント耐力があることを意味している。

(例題－正三角形断面の塑性断面係数)

図-4.8に示す1辺が a の正三角形の断面の Z_e, Z_p, f を計算してみよう。辺に平行な軸まわりに曲げモーメントが作用するものとする。

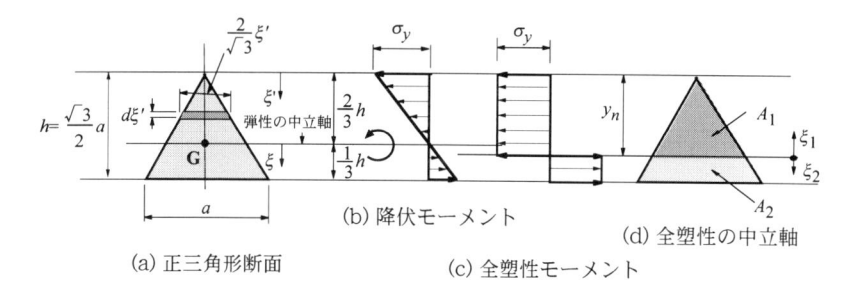

図-4.8 正三角形断面の降伏モーメントと全塑性モーメント

(a) 正三角形断面　(b) 降伏モーメント　(c) 全塑性モーメント　(d) 全塑性の中立軸

図(a)に示すように、図心Gは頂点から $2h/3$ のところにあるので、図心に関する断面2次モーメントは図の記号を用いると次のように計算される。

$$I = \int_A \xi^2 dA = \int_A \xi'^2 dA - \left(\frac{2}{3}h\right)^2 A = \int_0^h \frac{2}{\sqrt{3}}\xi'^3 d\xi' - \left(\frac{2}{3}h\right)^2 \frac{1}{2}ah = \cdots = \frac{\sqrt{3}}{96}a^4$$

図(b)のように、中立軸から遠い頂点の降伏によって降伏モーメントが決まるので、

$$M_y = \sigma_y Z_e = \sigma_y \cdot \frac{I}{\frac{2}{3}h} = \sigma_y \cdot \frac{\sqrt{3}}{96}a^4 \cdot \frac{3}{2}\frac{2}{\sqrt{3}a} = \sigma_y \frac{a^3}{32}$$

$$\therefore Z_e = \frac{a^3}{32}$$

となる。

次に、全塑性モーメントを計算する前に、全塑性状態における中立軸の位置を求める必要がある。中立軸の上下がそれぞれ圧縮と引張で全断面降伏しており、その合力が互いに等しいことから、中立軸は正三角形の断面積をちょうど2等分する線になる。上下に分割される断面積を A_1, A_2 とすると、$A_1 = A_2 = \dfrac{A}{2}$ であることから、中立軸の位置 y_n は次のように定まる。

$$A_1 = \frac{1}{2}\frac{2}{\sqrt{3}}y_n^2, \qquad \frac{A}{2} = \frac{1}{4}ah = \frac{1}{4}a\frac{\sqrt{3}}{2}a$$

$$\therefore y_n = \frac{\sqrt{6}}{4}a$$

中立軸に関する応力度の1次モーメントが全塑性モーメントであるから、

$$M_p = \int_{A_1} \sigma_y \xi_1 dA_1 + \int_{A_2} \sigma_y \xi_2 dA_2$$

$$= \int_0^{y_n} \sigma_y \frac{2}{\sqrt{3}}(y_n - \xi_1)\xi_1 d\xi_1 + \int_0^{h-y_n} \sigma_y \frac{2}{\sqrt{3}}(y_n + \xi_2)\xi_2 d\xi_2$$

$$= \cdots \cdots = \frac{1}{8}(2 - \sqrt{2})a^3 \sigma_y$$

$$\therefore Z_p = \frac{1}{8}(2 - \sqrt{2})a^3$$

となる。したがって、形状係数は次の値となる。

$$f = \frac{Z_p}{Z_e} = 4(2 - \sqrt{2}) = 2.34$$

建築で用いられる代表的な断面の塑性断面係数を断面2次モーメントや弾性断面係数とあわせて表-4.1に整理しておいた。

4.4 梁の塑性変形

4.4.1 曲率ーたわみ角ーたわみの関係

曲げモーメントを受ける梁の**曲率** ϕ と**たわみ角** θ と**たわみ** y には、微小変形の仮定により、次に示す微分の関係があることを弾性学で既に学んでいる。

$$\phi = -\frac{d\theta}{dx} \qquad \theta = \frac{dy}{dx} \qquad \phi = -\frac{d^2y}{dx^2} \qquad (4.12\text{a,b,c})$$

式中の x は材軸方向の座標で、$x-y$ 座標は図-4.9に示すように設定する。M, ϕ, θ, y (または δ) の符号は図に示すように約束する。上式を積分の関係

4.4 梁の塑性変形

表-4.1 各種断面の弾性および塑性の断面特性

断面	断面積 A	断面2次モーメント I	弾性断面係数 Z_e	塑性断面係数 Z_p
矩形（$b \times h$）	bh	$I_x = \dfrac{bh^3}{12}$ $I_y = \dfrac{hb^3}{12}$	$Z_{ex} = \dfrac{bh^2}{6}$ $Z_{ey} = \dfrac{hb^2}{6}$	$Z_{px} = \dfrac{bh^2}{4}$ $Z_{py} = \dfrac{hb^2}{4}$
H形断面	$2Bt_f + (H-2t_f)t_w$	$I_x = \dfrac{BH^3 - (B-t_w)(H-2t_f)^3}{12}$ $I_y = \dfrac{2B^3 t_f + (H-2t_f)t_w^3}{12}$	$Z_{ex} = \dfrac{2I_x}{H}$ $Z_{ey} = \dfrac{2I_y}{B}$	$Z_{px} = Bt_f(H-t_f) + \dfrac{1}{4}(H-2t_f)^2 t_w$ $Z_{py} = \dfrac{1}{2}B^2 t_f + \dfrac{1}{4}(H-2t_f)t_w^2$
箱形断面	$2(H+B)t - 4t^2$	$I_x = \dfrac{BH^3 - (B-2t)(H-2t)^3}{12}$ $I_y = \dfrac{HB^3 - (H-2t)(B-2t)^3}{12}$	$Z_{ex} = \dfrac{2I_x}{H}$ $Z_{ey} = \dfrac{2I_y}{B}$	$Z_{px} = Bt(H-t) + \dfrac{1}{2}(H-2t)^2 t$ $Z_{py} = Ht(B-t) + \dfrac{1}{2}(B-2t)^2 t$
円形断面	πR^2	$I_x = I_y = \dfrac{\pi}{4}R^4 = \dfrac{\pi}{64}D^4$	$Z_{ex} = Z_{ey}$ $= \dfrac{\pi}{4}R^3$	$Z_{px} = Z_{py}$ $= \dfrac{4}{3}R^3$
円環断面	$\pi(D-t)t$	$I_x = I_y = \dfrac{\pi}{4}\{R^4 - (R-t)^4\}$	$Z_{ex} = Z_{ey}$ $= \dfrac{I_x}{R}$	$Z_{px} = Z_{py}$ $= \dfrac{4}{3}\{R^3 - (R-t)^3\}$

に直すと、次のようになる。

$$\theta = \int(-\phi)dx = \theta_o + \int_{x_o}^{x}(-\phi)dx \tag{4.13a}$$

$$y = \int \theta dx = y_o + \int_{x_o}^{x}\theta dx = y_o + \int_{x_o}^{x}\left[\theta_o + \int_{x_o}^{x}(-\phi)dx\right]dx \tag{4.13b}$$

ここで、θ_o, y_o は $x = x_o$ におけるたわみ角とたわみである。

上の諸式は微小変形の幾何学的な関係だけで決まるので、弾性と塑性にかかわらず成立する。したがって、梁が降伏した後も、非常に大きなたわみが発生する場合を除いて、上の諸式は十分な精度で適用することができる。

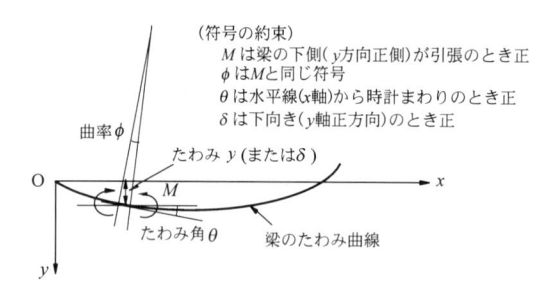

(符号の約束)
M は梁の下側(y方向正側)が引張のとき正
ϕ はMと同じ符号
θ は水平線(x軸)から時計まわりのとき正
δ は下向き(y軸正方向)のとき正

図-4.9　梁のたわみ曲線における曲率・たわみ角・たわみ

4.4.2　一様曲げを受ける梁

せん断力が0で曲げモーメントのみが作用する梁を**一様曲げ**(uniform moment)あるいは**純曲げ**(pure bending)を受ける梁という。せん断力Qと曲げモーメントMには$Q = \dfrac{dM}{dx}$の関係があるので、せん断力が0であるということは曲げモーメントが材軸方向に変化しないことと同じである。

図-4.10のような純曲げの状態を考えると、$x = \dfrac{l}{2}$で$\theta = 0$であるから、(4.13a)式で$x_o = 0$とすると、

$$0 = \theta_o + \int_0^{l/2}(-\phi)dx = \theta_o - \frac{\phi_o \cdot l}{2} \qquad \therefore \theta_o = \frac{\phi_o \cdot l}{2} \qquad (4.14a)$$

となる。上の積分において、一様曲げの場合、曲げモーメントが一定であるので曲率ϕもxの関数にならない一定値ϕ_oであることが考慮されている。

(4.13b)式より、梁の中央たわみ$\delta_{\max}$は次式で求められる。

$$\delta_{\max} = 0 + \int_0^{l/2}\left[\theta_o + \int_0^x(-\phi)dx\right]dx = \int_0^{l/2}\left(\frac{\phi_o l}{2} - \phi_o x\right)dx = \phi_o\left(\frac{l^2}{4} - \frac{l^2}{8}\right)$$

$$\therefore \delta_{\max} = \frac{\phi_o l^2}{8} \qquad (4.14b)$$

4.4 梁の塑性変形

上の(4.14a,b)式は弾性と塑性にかかわらず成立する。弾性では、$\phi_o = \dfrac{M_o}{EI}$であるので、これを上式に代入すると、

$$\theta_o = \frac{M_o l}{2EI} \qquad \delta_{\max} = \frac{M_o l^2}{8EI} \qquad (4.15\text{a,b})$$

が得られる。これは一様曲げを受ける弾性梁の解として知られているものである。

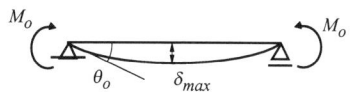

図-4.10 一様曲げモーメントを受ける梁

さて、それでは梁が降伏したあとはどうなるであろうか。梁の断面の曲げモーメントと曲率の関係が図-4.11(a)のように与えられたとしよう。この$M-\phi$曲線は、線形弾性～部分降伏～全塑性～ひずみ硬化～劣化がすべて含まれた現実のものに近いカーブである。これを$M = f(\phi)$としよう。すると、上の(4.14a,b)式から$\phi_o = 2\theta_o/l = 8\delta_{\max}/l^2$であるので、$M = M_o = f(2\theta_o/l) = f(8\delta_{\max}/l^2)$となる。これは、図-4.11(b),(c)に示すように、M_oとθ_o、およびM_oと$\delta_{\max}$の関係が、元の$M-\phi$曲線と相似であることを表している。ただし、これは純曲げの場合に限って言えることである。

(a) 曲げモーメントと曲率の関係

(b) 材端曲げモーメントと材端たわみ角の関係

(c) 材端曲げモーメントと中央たわみの関係

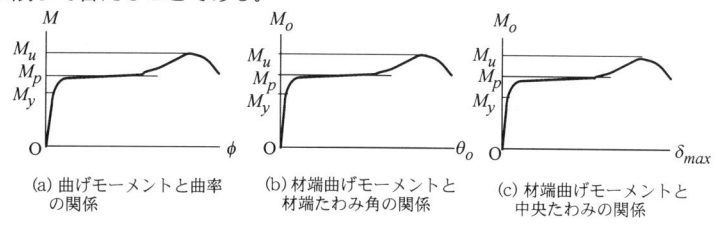

図-4.11 一様曲げモーメントを受ける梁の塑性挙動

4.4.3 モーメント勾配のある梁

一般に、梁には曲げモーメントと同時にせん断力が作用するので、曲げモー

メントは材軸方向に一定ではない。これを**モーメント勾配** (moment gradient) のある梁という。この場合には、上で述べた一様曲げを受ける梁とは全く異なった塑性挙動が現れる。

これを図-4.12に示す片持ち梁で説明しよう。先端に作用する鉛直荷重がせん断力となって、梁には直線的に変化する曲げモーメントが生じ、固定端で最大となる。図に示すように、鉛直荷重Pの増大により、材端の曲げモーメントM_oが徐々に増えていく過程を調べてみよう。図の上段には梁の側面が描かれており、降伏した領域と弾性にとどまっている領域が色分けされている。図の中段には曲げモーメント分布、下段には曲率分布が描かれている。

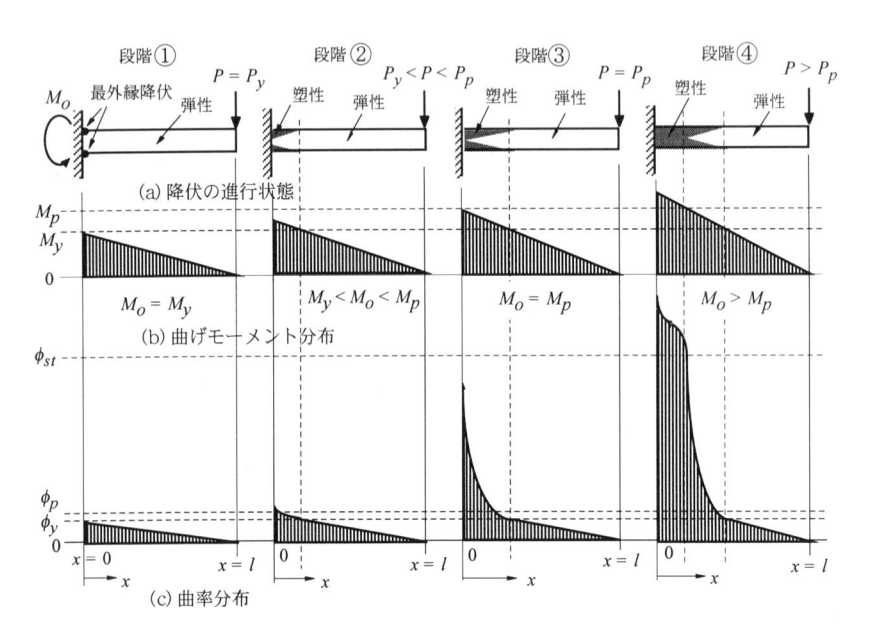

図-4.12　モーメント勾配のある梁の曲げモーメントと曲率の分布
　　　　（片持ち梁の場合）

先ず、段階①では、材端曲げモーメントが梁断面の降伏モーメントにちょうど到達し、梁の降伏が始まるところである。このとき、図-4.13のように、前

の図-4.11(a)で設定した$M-\phi$曲線を引用すると、段階①は$M=M_y, \phi=\phi_y$の点に対応する。

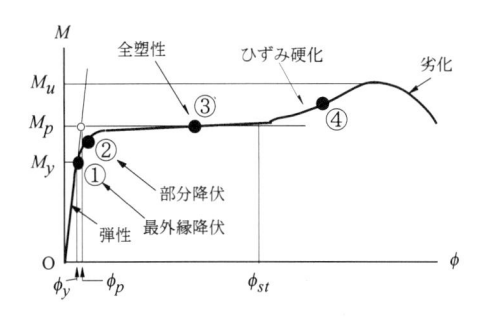

図-4.13 断面の曲げモーメントと曲率の関係

材端の曲げモーメントM_oがM_yを超えると、段階②に示すように、材端の断面は図-4.13の$M-\phi$曲線の部分降伏の状態となる。それと同時に、図-4.12の上段(a)の黒く塗った部分が示すように、降伏した塑性の領域が材軸方向へも進行する。やがて、材端の曲げモーメントが全塑性モーメントM_pに達する段階③を通過する。その後も、ひずみ硬化によって材端曲げモーメントは増加し、降伏領域は材端からさらに広がっていく。最終的には、破壊や座屈などによって最大モーメントM_uに到り、その後は荷重が低下しながら崩壊することになる。

この過程で注目すべき点は、図の下段(c)に描かれた曲率分布である。段階③の全塑性モーメントを超えると、曲率が急激に増加する。曲率を材軸に沿って積分するとたわみ角やたわみになることを考えると、材端が全塑性モーメントに達してから後は梁の塑性変形が急激に大きくなることが予想される。なお、材軸方向の曲げモーメントは弾性と塑性にかかわらず直線的に変化するので、図の下段に示した曲率分布は図-4.13の$M-\phi$曲線を90°傾けたものと相似になることに気付くであろう。

材端曲げモーメントM_oと先端たわみδの関係を描くと図-4.14のようになる。図には段階①〜④の位置が示されている。モーメント勾配のある梁ではひずみ硬化によって降伏開始後比較的小さい塑性変形で曲げモーメントがM_pを超えてしまうので、一様曲げの場合（図-4.11c）とは異なったカーブになる。これは、前章の変断面材の軸力と伸びの関係（図-3.6）によく似ている。塑性解析では、ひずみ硬化を無視し、図のような完全弾塑性で近似することが多い。

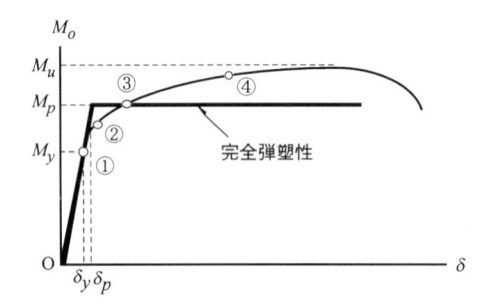

図-4.14　モーメント勾配のある梁の曲げモーメントとたわみの関係

上で述べた片持ち梁の塑性変形挙動を確かめるために、先端たわみδを計算してみよう。(4.13b)式より、δは次式で表される。

$$\delta = 0 + \int_0^l \left[0 + \int_0^x (-\phi) dx \right] dx = \int_0^l \left[x' \int_0^x (-\phi) dx \right] dx = \left[x \int_0^x (-\phi) dx \right]_0^l - \int_0^l x(-\phi) dx$$

上式の最終項は部分積分による。したがって、次式が得られる。

$$\delta = l \int_0^l (-\phi) dx + \int_0^l x \phi dx = \int_0^l (x - l) \phi dx \tag{4.16}$$

この式の最終項は片持ち梁の先端まわりの曲率の1次モーメントであることを表しているので、段階④のように固定端近傍の曲率が降伏により増大すると、たわみが著しく増幅されることがわかる。

ここで、曲げモーメント$M = M(x)$は材端曲げモーメントM_oと次の関係があるので、

$$M = M_o \frac{l-x}{l} \qquad \therefore dM = -\frac{M_o}{l} dx$$

これを用いて上の積分変数を曲げモーメントに変換すると，

$$\delta = \int_{M_o}^0 \left(-\frac{lM}{M_o}\right)(\phi)\left(-\frac{l}{M_o}\right)dM = -\frac{l^2}{M_o^2}\int_0^{M_o} M\phi dM \tag{4.17}$$

となる．

$M-\phi$ 曲線を $M = f(\phi)$ とし，$dM = f'(\phi)d\phi$ を用いて部分積分を適用すると，次のように曲率に関する積分にも変換することができる．

$$\delta = -\frac{l^2}{M_o^2}\int_0^{\phi_o} f(\phi)\phi f'(\phi)d\phi = -\frac{l^2}{M_o^2}\left\{\left[f(\phi)^2\phi\right]_0^{\phi_o} - \int_0^{\phi_o}\left[f'(\phi)\phi + f(\phi)\right]f(\phi)d\phi\right\}$$

$$\therefore \delta = -\frac{l^2}{M_o^2}\frac{1}{2}\left\{\left[f(\phi)^2\phi\right]_0^{\phi_o} - \int_0^{\phi_o} f(\phi)^2 d\phi\right\} = \frac{l^2}{2M_o^2}\left[\int_0^{\phi_o} M^2 d\phi - M_o^2\phi_o\right]$$

$$\tag{4.18}$$

これらの諸式を用いると，梁の塑性変形を計算することができ，図-4.14のような曲線が得られる．これを手計算で実行するのはたいへん面倒であるので，コンピュータを使った数値解析が行われている．簡単な例について後の演習問題で計算することにしよう．

4.5　2軸曲げ

今までは，曲げモーメントが断面の1つの対称軸まわりに作用する場合を扱ってきた．例えば，図-4.15(a)の長方形断面の場合では，x 軸まわりの曲げモーメント M_x あるいは y 軸まわりの曲げモーメント M_y だけが作用する場合であった．ここでは，M_x と M_y が同時に作用する場合，言い換えれば対称軸から傾いた軸まわりに曲げモーメントが作用する場合の全塑性状態について検討してみよう．

弾性の場合には，M_x と M_y によってそれぞれ生じる曲げ応力度を重ね合わせることによって断面の応力状態を知ることができた．図(a)の場合には，A点とB点がそれぞれ引張と圧縮の最外縁となり，その2点で最大の応力度が発生し，

その大きさは $\sigma = \dfrac{M_x}{Z_{ex}} + \dfrac{M_y}{Z_{ey}}$ である（Z_{ex} と Z_{ey} はそれぞれ x 軸と y 軸まわりの弾性断面係数）。$\sigma = \sigma_y$ で最外縁降伏が起こるので、最外縁降伏の条件式は、$M_{Yx} = \sigma_y Z_{ex}$、$M_{Yy} = \sigma_y Z_{ey}$ とおくと、

$$\frac{M_x}{M_{Yx}} + \frac{M_y}{M_{Yy}} = 1$$

で表すことができる。しかし、降伏した後は、上記の重ね合わせが成立しないことに注意しなければならない。

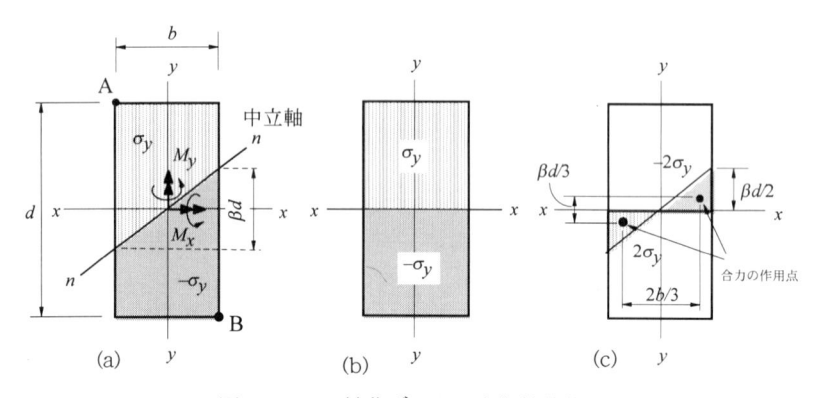

図-4.15　2軸曲げによる全塑性状態

図(a)に示す2軸曲げによる長方形断面（せい d ×幅 b）の全塑性状態について考えてみよう。中立軸が縦の辺を横切るとし左右の切辺位置の差を βd とする。なお、塑性曲げの中立軸は断面積をちょうど2等分する線となるので、2軸対称断面の場合には中立軸は必ず断面の図心を通る。図(a)の状態は図(b)と図(c)の足し合わせとなることに着目して考えてみよう。図(b)の状態は、$M_x = M_{px}$、$M_y = 0$ である。図(c)の状態は1つの三角形に作用する曲げ応力度の合力が $(\beta db/8) \times 2\sigma_y$ であることから、$M_x = -\beta^2 M_{px}/3$、$M_y = 2\beta M_{py}/3$ となる。ただし、$M_{px} = bd^2\sigma_y/4$、$M_{py} = db^2\sigma_y/4$ である。したがって、両方の足し合わせによって、

$$M_x = M_{px}\left(1-\frac{\beta^2}{3}\right), \qquad M_y = \frac{2}{3}\beta M_{py}$$

となる。両者から β を消去すると次式が得られる。

$$\frac{M_x}{M_{px}} + \frac{3}{4}\left(\frac{M_y}{M_{py}}\right)^2 = 1$$

ただし、これが成立するのは中立軸が長方形断面の縦の辺を横切る場合、すなわち $\beta \leq 1$ のときであるので、$\frac{M_x}{M_{px}} \geq \frac{2}{3}$ かつ $\frac{M_y}{M_{py}} \leq \frac{2}{3}$、すなわち $\frac{M_x}{M_{px}} \geq \frac{M_y}{M_{py}}$ でなければならない。中立軸が横の辺を横切るときは上式において x と y を入れ替えればよい。以上をまとめると、長方形断面の場合には次式により２軸曲げによる全塑性状態を表すことができる。

$$\frac{M_x}{M_{px}} \geq \frac{M_y}{M_{py}} \text{のとき、} \qquad \frac{M_x}{M_{px}} + \frac{3}{4}\left(\frac{M_y}{M_{py}}\right)^2 = 1 \qquad (4.19a)$$

$$\frac{M_x}{M_{px}} < \frac{M_y}{M_{py}} \text{のとき、} \qquad \frac{3}{4}\left(\frac{M_x}{M_{px}}\right)^2 + \frac{M_y}{M_{py}} = 1 \qquad (4.19b)$$

これを２軸曲げによる全塑性状態の**相関式**といい、最外縁降伏の相関式が線形式となったことと異なり非線形相関式となる。ここでは、長方形断面についてのみ検討したが、断面形状によって相関式は異なる。H形断面や箱形断面の相関式は日本建築学会『鋼構造塑性設計指針』に詳しい。

4.6 せん断力の影響

建築の梁部材では、一般に、断面の降伏に及ぼすせん断力の影響は小さいので無視することができる。これは、梁の長さがせいに比べて十分大きいことから証明することができる。

図-4.16(a)の片持ち梁の固定端における全塑性モーメント $M_p{}'$ がせん断力 Q によってどのように変化するかを調べてみよう。梁の断面はせいが d で幅が b の長方形とする。せん断応力度は断面の上下縁で0、中央で最大となることから、図(b)のように断面中央の高さ x の部分がせん断応力度のみで降伏し、それ以外の部分は曲げによる直応力度のみで降伏すると仮定してみる。この仮定か

ら導かれる断面の塑性耐力は第 8 章で述べる下界定理により真の値を超えることはない。ミーゼスの降伏条件を適用すると、降伏せん断応力度は降伏応力度 σ_y の $1/\sqrt{3}$ であるので、

$$xb\frac{\sigma_y}{\sqrt{3}} = Q \qquad \therefore x = \frac{\sqrt{3}Q}{b\sigma_y}$$

となる。

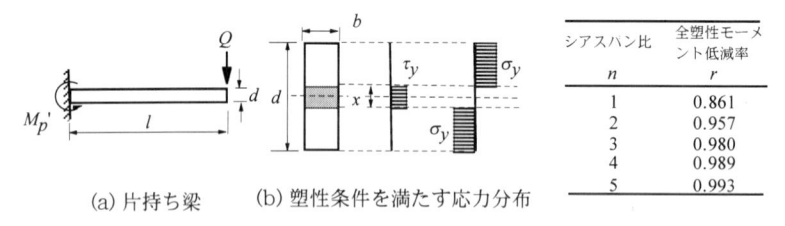

(a) 片持ち梁　(b) 塑性条件を満たす応力分布

シアスパン比	全塑性モーメント低減率
n	r
1	0.861
2	0.957
3	0.980
4	0.989
5	0.993

図-4.16　全塑性モーメントに及ぼすせん断力の影響

ここで、**シアスパン比** $n = l/d$ を導入し（l は最大曲げモーメントと変曲点の間の距離で、ここでは片持ち梁の長さ）、$M_p' = Ql = Qnd$ の関係を上式に代入すると、

$$x = \frac{\sqrt{3}}{b\sigma_y} \cdot \frac{M_p'}{nd}$$

となる。せん断力がないときの全塑性モーメントを M_p とすると、この場合 $M_p = \frac{bd^2}{4}\sigma_y$ であるので、

$$x = \frac{\sqrt{3}d}{4n} \cdot \frac{M_p'}{M_p} = \frac{\sqrt{3}d}{4n} \cdot r$$

となる。ここで、$r = M_p'/M_p$ とした。図(b)の曲げ応力度の分布より、M_p' は次のように計算される。

$$M_p' = \frac{bd^2}{4}\sigma_y - \frac{bx^2}{4}\sigma_y = \frac{bd^2}{4}\sigma_y\left(1 - \frac{x^2}{d^2}\right) = M_p\left(1 - \frac{x^2}{d^2}\right)$$

$$\therefore r = 1 - \frac{x^2}{d^2}$$

これに上で得た x を代入すると、r に関する次の 2 次方程式が得られる。

$$r = 1 - \left(\frac{\sqrt{3}}{4n}\right)^2 r^2$$

この解は

$$r = \frac{8n^2}{3}\left(-1 + \sqrt{1 + \frac{3}{4n^2}}\right) \tag{4.20}$$

である。シアスパン比 n に具体的な数字を入れて全塑性モーメントの低減率 r を計算した結果を図にあわせて示してある。n の増加とともに r は1に収束する。通常の建築物の梁ではシアスパン比が3程度以上となるので、r は1に近い値をとり、全塑性モーメントに及ぼすせん断力の影響は無視できることがわかる。

4.7 残留応力の影響

部材には多かれ少なかれ**残留応力** (residual stress) が封じ込められているが、全塑性モーメントには全く影響を及ぼさない。例えば、H形鋼梁には図-4.17(a)に示すような残留応力が内在している。これは熱間圧延後、先に冷却して固まるエッジ部分が遅れて冷却収縮する中央部分を拘束するために生じるものである。溶接組立梁の場合にも、溶接金属の凝固収縮により同様の残留応力が生じる。残留応力は自己釣合い状態にあり、その合力および合モーメントは0である。このような残留応力をもった梁に曲げモーメントを加えると、残留応力に曲げ応力を足し合わせた応力が材料の降伏応力 σ_y に達したところから次々に降伏して応力再配分が起き、完全弾塑性材料では最終的に図(b)に示す全塑性状態となる。したがって、初めに導入されていた残留応力と無関係に、全塑性モーメント M_p を発現することができる。

次に、全塑性状態から除荷した場合について考えてみよう。塑性域からの応力解放によってひずみは弾性勾配でもどるという性質があるので、曲げモーメントが全塑性モーメント M_p からゼロにもどる過程は弾性的である。これを**スプリング・バック**(spring back)という。したがって、図(c)の直線m-nで表され

る応力が逆向きに加えられることになる。除荷後に、断面の最外縁でσ_r、中央でσ_yの残留応力が残ることになる。最外縁の回復応力は、

$$\sigma_r + \sigma_y = \frac{M_p}{Z_e}$$

となる。ここで、Z_eは弾性断面係数である。形状係数$f = Z_p / Z_e$を導入して、上式をσ_rについて解くと次式が導かれる。

$$\sigma_r = \frac{M_p}{Z_e} - \sigma_y = \frac{M_p}{Z_p}\frac{Z_p}{Z_e} - \sigma_y = \sigma_y f - \sigma_y = (f-1)\sigma_y \tag{4.21}$$

H形断面では$f \cong 1.1$であるので$\sigma_r \cong 0.1\sigma_y$、長方形断面では$f = 1.5$であるので$\sigma_r = 0.5\sigma_y$となる。除荷後の残留応力は初めに存在していた残留応力と異なった分布をする。

(a) H形鋼の残留応力

(b) 全塑性状態

(c) 除荷による残留応力

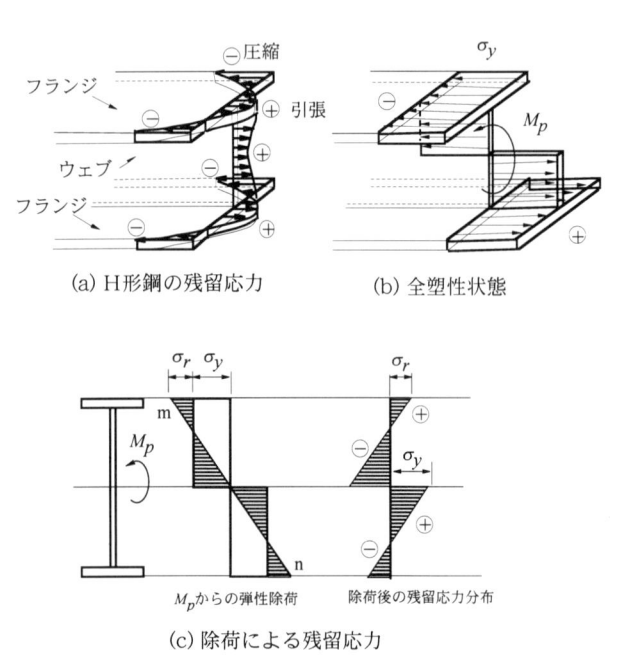

図-4.17　残留応力

4.8 複合材料の全塑性モーメント

性質の異なる材料を合成することによって個々の材料がもつ欠点を補い全体として有用な性能を引き出した材料を**複合材料** (composite material) という。建設構造物でもっとも重要な複合材料は**鉄筋コンクリート** (reinforced concrete、略してRC) である。これは、引張に弱いコンクリートを鉄筋で補強し、錆と火に難点のある鉄筋をコンクリートで被覆する複合効果をもったものである。

先ず、図-4.18に示す簡単な例で複合材料の全塑性状態について検討してみよう。これは材料Aで材料Bをはさんだサンドイッチ断面である。材料はいずれも完全弾塑性とし、寸法を図(a)のように定める。材料が対称に配置されているので、曲げの中立軸は断面の中心を通り、全塑性状態における応力分布は図(b)のようになる。このとき、材料AとBの接着面にはせん断応力が生じるが、これによって両者にずれが生じないことが大切で、力学的な複合効果を生む大前提である。材料A，Bの降伏応力度をそれぞれ$\alpha\sigma_y$，σ_yとすると（$\alpha>1$）、全塑性モーメントは、

$$M_p = \frac{bd^2}{4}\alpha\sigma_y - \frac{b(1-\beta)^2 d^2}{4}(\alpha-1)\sigma_y = \left[\alpha-(\alpha-1)(1-\beta)^2\right]\frac{bd^2}{4}\sigma_y$$

で与えられる。全断面が材料Bだけで作られた場合には$M_p = \frac{bd^2}{4}\sigma_y$であるので、強度の高い材料を合成することによって全塑性モーメントが上式右辺の[　]倍となる。

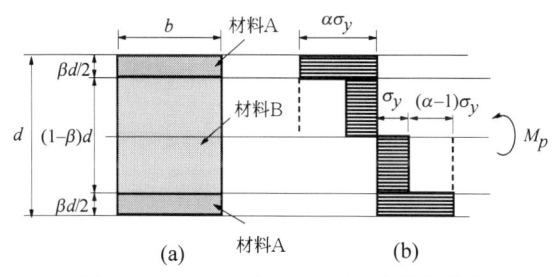

図-4.18　サンドイッチ断面の全塑性状態

次に、鉄筋コンクリート梁の全塑性モーメントを計算してみよう。図-4.19(a)に示すように、引張側に鉄筋を入れたもっとも簡単な場合を扱うことにするが、次の点に注意する必要がある。すなわち、コンクリートは引張には抵抗できず圧縮応力のみを負担すること、コンクリートの応力－ひずみ曲線は非線形性を無視できないこと（図(b)のようにラウンドハウス型となる）、コンクリートの圧縮ひずみには限界があり比較的小さなひずみ ε_{cu} で圧壊することである（図(b)の×印、$\varepsilon_{cu} \cong 0.3\%$）。なお、この場合も鉄筋とその周辺のコンクリートには同じひずみが生じ、両者にずれが起こらないことを前提とする。図(c)のように、引張鉄筋の断面積の合計を a_t、引張鉄筋の中心からコンクリート圧縮最外縁までの距離を d、梁幅を b とする。平面保持を仮定すると、鉄筋のひずみ ε_t とコンクリート圧縮最外縁のひずみ ε_c には次の関係がある。

$$\varepsilon_c = \frac{x_n}{d-x_n}\varepsilon_t$$

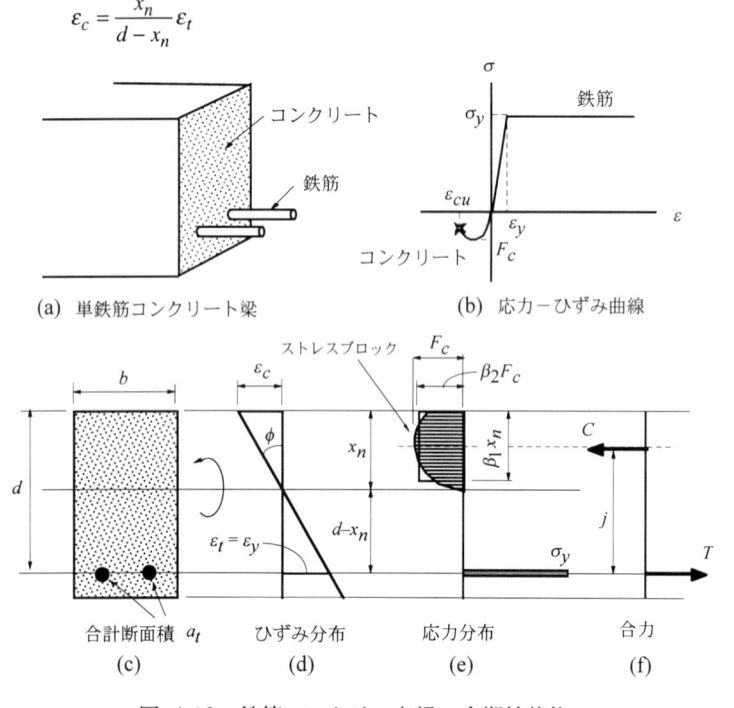

図-4.19　鉄筋コンクリート梁の全塑性状態

4.8 複合材料の全塑性モーメント

全塑性状態に達するには ε_t が降伏ひずみ ε_y に到達しなければならない。このときまでに ε_c が ε_{cu} に達してしまうと鉄筋が降伏する前にコンクリートが圧壊してしまうことになり、全塑性状態に到達しない。したがって、

$$\frac{x_n}{d-x_n}\varepsilon_y \leq \varepsilon_{cu} \qquad \therefore \frac{d}{x_n} \geq 1 + \frac{\varepsilon_y}{\varepsilon_{cu}} \tag{4.22}$$

を満たす必要がある。

応力分布は図(e)のようになり、鉄筋の応力は σ_y、圧縮側コンクリートはコンクリートの応力-ひずみ線図に対応するストレスブロックができる。それぞれの合力を T, C とすると、

$$T = a_t \sigma_y, \qquad C = \int_0^{x_n} \sigma b dx = \beta_1 \beta_2 x_n b F_c$$

である。ここで、F_c はコンクリートの最大圧縮強さ、β_1 と β_2 は図(e)に示すようにコンクリートのストレスブロックを等価な長方形ブロックに置き換えたときの係数である。

釣合い条件から $T = C$ であるので、

$$a_t \sigma_y = \beta_1 \beta_2 x_n b F_c$$

$$\therefore \frac{d}{x_n} = \frac{\beta_1 \beta_2 F_c}{p_t \sigma_y}, \qquad \text{ただし} \quad p_t = \frac{a_t}{bd} \tag{4.23}$$

ここで、p_t は引張鉄筋比と呼ばれるものである。これが(4.22)式の条件を満たさなければならないので、

$$p_t \leq p_{tb}, \qquad \text{ただし} \quad p_{tb} = \frac{\beta_1 \beta_2 F_c}{\left(1 + \dfrac{\varepsilon_y}{\varepsilon_{cu}}\right)\sigma_y} \tag{4.24}$$

となる。p_{tb} を**釣合い鉄筋比** (balanced reinforcement ratio) という。もし、鉄筋を入れすぎて $p_t > p_{tb}$ になると、鉄筋の降伏を伴わない脆性的破壊が起きてしまう。これは避けなければならない。

さて、$p_t \leq p_{tb}$ を前提にして全塑性モーメントを計算すると、

$$M_p = T\left(d - \frac{\beta_1}{2}x_n\right) = a_t \sigma_y d\left(1 - \frac{\beta_1}{2}\frac{x_n}{d}\right) = a_t \sigma_y d\left(1 - \frac{p_t \sigma_y}{2\beta_2 F_c}\right)$$

$$\therefore M_p = a_t \sigma_y j, \qquad \text{ただし} \quad j = \left(1 - \frac{p_t \sigma_y}{2\beta_2 F_c}\right) \cdot d \tag{4.25}$$

となる。jは引張と圧縮の合力の中心間距離で、設計では実験事実に基づいて$j = 0.9d$が用いられる。鉄筋コンクリート構造では、コンクリートが完全弾塑性材料とは見なせないので、金属の場合と異なり、M_pを終局モーメントと呼んでいる。

4.9 塑性ねじり

4.9.1 自由ねじりと反りねじり

部材の材軸まわりに作用するモーメント、すなわちねじりモーメントM_Tに対して、断面には2種類のねじり抵抗が生じる。一つは、**自由ねじり**(free torsion) あるいは**サン・ブナンねじり** (Saint-Venant torsion) と呼ばれるねじり抵抗で、ここではM_Sで表す。もう一つは、**反りねじり** (warping torsion) あるいは**ワグナーねじり** (Wagner torsion) と呼ばれるねじり抵抗で、ここではM_Wで表す。したがって、断面のねじりの釣合いは次式で表される。

$$M_T = M_S + M_W \tag{4.26}$$

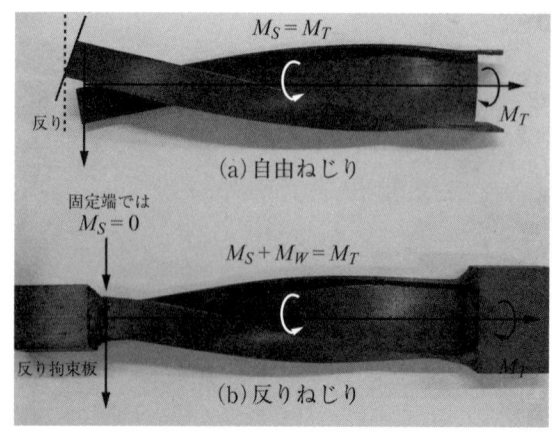

図-4.20 自由ねじりと反りねじり

4.9 塑性ねじり

　自由ねじりモーメントは、材軸方向にねじり角θが変化することに伴って断面に生じるせん断応力が生み出すねじり抵抗である。このとき、後述の特別な断面を除き、**反り**(warping)と呼ばれる材軸方向の不均一な変位が生じ、ねじる前の断面はねじられた後、平面を保持することができない。これに対して、反りねじりモーメントは、材端に拘束板を付けたような場合に反りが拘束されることによって生じる直応力度とせん断応力度が生み出すねじり抵抗である。図-4.20(a)のように反りが拘束されず軸方向変位が自由に生じる場合には反りねじりモーメントM_Wはゼロであるので、$M_T = M_S$となる。図(b)のように反り変形が拘束された場合には、自由ねじり抵抗とともに反りねじり抵抗が生じる。上述の特別な断面とは、円形断面のような軸対称断面、およびL形・T形・十字形断面のように複数の細長い断面が1点で交差する断面のことで、このような断面をねじった場合にはもともと反りが生じないので拘束板の有無にかかわらずM_Wはゼロである。

4.9.2 塑性自由ねじり

　反りが自由に生じる自由ねじりの問題については、弾性におけるプラントルの膜類似理論に対応して塑性におけるナダイの砂丘類似理論がある。ここでは、弾性ねじりの理論を簡単に復習し、それに基づいて塑性ねじりの理論を概説することにする。弾性ねじりについては拙著『建築の力学－弾性論とその応用』（技報堂出版）に詳しい。

　先ず、弾性における自由ねじりの方程式はサン・ブナン（Saint-Venant, 1855年）が導いた。それを応力関数$\phi(x, y)$で表すと次のようになる。

$$\frac{\partial^2 \phi}{\partial x^2} + \frac{\partial^2 \phi}{\partial y^2} = -2G\theta_1, \quad \text{ただし、断面の外周上で}\phi = 0 \tag{4.27}$$

ここで、xとyは図-4.21(a)に示すように、断面のねじり中心を原点とする直交座標系、Gはせん断弾性係数、θ_1は単位長さ($dz = 1$)当たりのねじり角である。このとき、

$$\tau_{zx} = \frac{\partial \phi}{\partial y}, \qquad \tau_{zy} = -\frac{\partial \phi}{\partial x}, \qquad M_S = 2\int_A \phi dA \qquad (4.28\text{a,b,c})$$

となる。τ_{zx}とτ_{zy}はそれぞれx方向とy方向のせん断応力度で、M_Sは自由ねじりモーメントである。

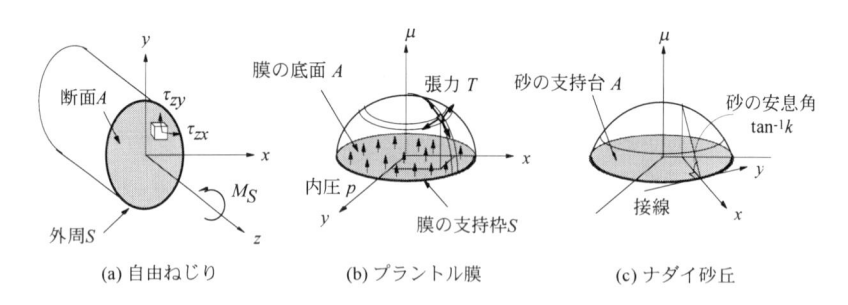

図-4.21　プラントル膜とナダイ砂丘

(a) 自由ねじり　(b) プラントル膜　(c) ナダイ砂丘

プラントル（L. Prandtl, 1903年）は上記の自由ねじりの方程式が内圧を受けて膨らんだ膜の方程式に一致することを発見した。膜の方程式は、

$$\frac{\partial^2 \mu}{\partial x^2} + \frac{\partial^2 \mu}{\partial y^2} = -\frac{p}{T}, \qquad \text{ただし、膜の周辺支持枠上で}\mu = 0 \qquad (4.29)$$

で表される。図(b)に示すように、μは膜の高さ、pは内圧、Tは膜の張力である。式(4.27)と(4.29)を比較すると、次の変換により両式が完全に一致することがわかる。

$$\frac{\mu}{p/T} = \frac{\phi}{2G\theta_1} \qquad (4.30)$$

したがって、膜の変位μがわかれば次の諸式によってねじりの解が得られる。これをプラントルの**膜類似** (membrane analogy) という。

$$\tau_{zx} = \frac{2G\theta_1}{p/T} \cdot \frac{\partial \mu}{\partial y}, \qquad \tau_{zy} = -\frac{2G\theta_1}{p/T} \cdot \frac{\partial \mu}{\partial x} \qquad (4.31\text{a,b})$$

$$M_S = \frac{2G\theta_1}{p/T} \cdot 2\int_A \mu dA = \frac{2G\theta_1}{p/T} \cdot 2V_S \qquad (4.31\text{c})$$

第3式はM_Sが膜内部の体積V_Sに比例することを表している。証明は省略するが、「せん断応力度τ_{zx}とτ_{zy}の合力τは膜の等高線の接線方向を向き、τの大

きさは膜の傾きに比例する」ということが、膜類似理論の重要な知見である。

自由ねじりでは断面にせん断応力しか生じないので、せん断応力度τが降伏せん断応力度τ_yに達したところから降伏が始まる。材料を完全弾塑性とし、断面全体がせん断降伏して全塑性ねじりの状態になったときを考えると、断面のすべての位置でτは一定値τ_yとなる。これはプラントル膜の傾斜が断面のどこにおいても一定の値をもつことと等価であることをナダイ (A. Nadai, 1923年) が提唱した。傾きが一定の膜は形成されないので、そのかわりに断面の上に乾いた砂を盛ったときにできる砂丘で類似することができる。これをナダイの**砂丘類似** (sand-heap analogy) という。砂の斜面の主勾配（安息勾配）をkとし、主勾配の方向にx軸をとると、(4.31a,b)式において、

$$\tau_{zx} = 0, \quad \tau_{zy} = -\frac{2G\theta_1}{p/T} \cdot (-k) = \tau_y$$

となる。よって、$\frac{2G\theta_1}{p/T} = \frac{\tau_y}{k}$を(4.31c)式に代入すると、**全塑性自由ねじりモーメント**M_{Sp}が次式で与えられることがわかる。

$$M_{Sp} = \frac{\tau_y}{k} \cdot 2V_S \tag{4.32}$$

ここで、V_Sは砂丘の体積である。なお、ミーゼスの降伏条件を適用すれば、$\tau_y = \frac{\sigma_y}{\sqrt{3}}$である。

代表的な断面について図-4.22に示す砂丘を見ながら全塑性自由ねじりモーメントを計算してみよう。

（例1－円形中実断面）

半径aの円形中実断面の上にできる砂丘は円錐となり、その高さをhとすると、斜面の勾配k、砂丘の体積V_Sは次のようになる。

$$k = \frac{h}{a}, \quad V_S = \frac{1}{3}\pi a^2 h$$

よって、(4.32)式にこれを代入すると、

$$M_{Sp} = \frac{\tau_y}{h/a} \cdot 2\frac{1}{3}\pi a^2 h = \frac{2}{3}\pi a^3 \tau_y \tag{4.33}$$

が得られる。これは、砂丘類似を使わないで解いた2章の演習問題2.2）の結果と一致する。ちなみに、弾性の場合には最大せん断応力度が円周上で生じ、$\tau_{\max} = \dfrac{2M_S}{\pi a^3}$ となるので、$\tau_{\max} = \tau_y$ とおいて得られる降伏ねじりモーメントは $M_{Sy} = \dfrac{1}{2}\pi a^3 \tau_y$ である。全塑性ねじりモーメントは降伏ねじりモーメントの $\dfrac{4}{3}$ 倍である。

(1) 円形中実断面　　(2) 三角形断面　　(3) 長方形断面

(4) 細長い長方形断面　　(5) 薄肉開断面（H形）　　(6) 薄肉閉断面（円形）

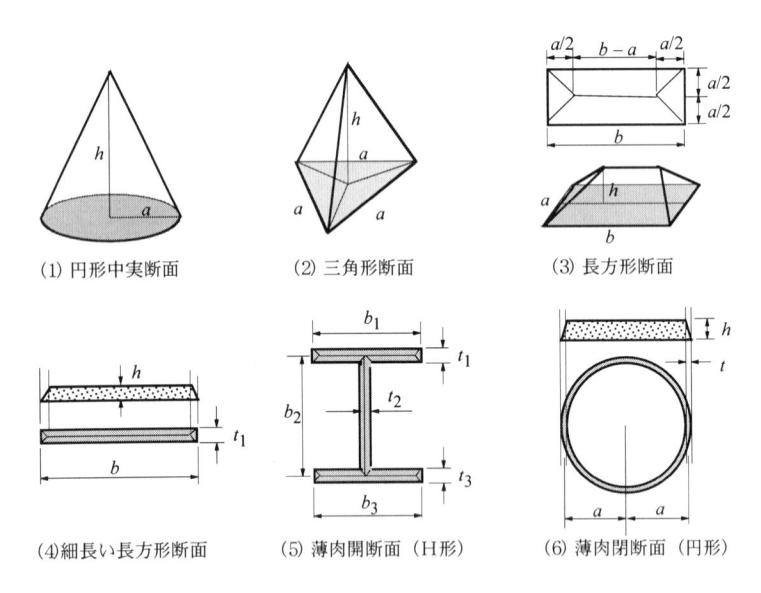

図-4.22　代表的な断面のナダイ砂丘

（例2－正三角形断面）

1辺が a の正三角形の場合には、次の結果が得られる。

$$k = \frac{h}{\sqrt{3}a/6}, \quad V_S = \frac{\sqrt{3}}{12}a^2 h$$
$$\therefore M_{Sp} = \frac{1}{12}a^3 \tau_y \tag{4.34}$$

ちなみに、弾性の場合には最大せん断応力度が各辺の中点で生じ、その値は $\tau_{\max} = \dfrac{20M_S}{a^3}$ となるので、降伏ねじりモーメントは $M_{Sy} = \dfrac{1}{20}a^3 \tau_y$ である。全塑

性ねじりモーメントは降伏ねじりモーメントの$\frac{5}{3}$倍である。

(例3－長方形断面)

長方形断面（$a \times b$, $a \leq b$）の場合には、次の結果が得られる。

$$k = \frac{h}{a/2}, \quad V_S = \frac{1}{2}(b-a)ah + \frac{1}{3}a^2 h$$
$$\therefore M_{Sp} = \frac{1}{6}a^2(3b-a)\tau_y \tag{4.35}$$

(例4－細長い長方形)

細長い長方形断面（$b \times t$, $t \ll b$）の場合には、短辺にできる小さな斜面は無視できるので、次の結果が得られる。

$$k = \frac{h}{t/2}, \quad V_S = \frac{1}{2}bth$$
$$\therefore M_{Sp} = \frac{1}{2}bt^2\tau_y \tag{4.36}$$

弾性の場合には、最大せん断応力度が長辺の中点で生じ、$\tau_{\max} = \frac{3M_S}{t^2 b}$となるので、降伏ねじりモーメントは$M_{Sy} = \frac{1}{3}bt^2\tau_y$である。全塑性ねじりモーメントは降伏ねじりモーメントの1.5倍である。

(例5－薄肉開断面)

H形・溝形・山形断面のような薄肉開断面は細長い長方形断面で構成されている。薄肉開断面上の砂丘は、長方形断面の交差部分で稜線ができるが、その領域は限られているので、その影響は小さいと考えてよい。したがって、薄肉開断面の全塑性ねじりモーメントは各長方形断面の全塑性ねじりモーメントの総和とすることができる。

$$M_{Sp} = \sum \frac{1}{2}bt^2\tau_y \tag{4.37}$$

ここで、tは板厚、bは板厚中心線の長さである。

(例6－薄肉閉断面)

円形中空断面や箱形断面のような薄肉閉断面ではせん断応力度が断面内を一方向に流れる。したがって、ナダイの砂丘は板厚方向に一定勾配をもつ。空洞部はせん断応力がゼロであるので砂丘は平らとなる。したがって、

$$M_{Sp} = 2At\tau_y \tag{4.38}$$

である。ここで、Aは板の中心線で囲まれた面積であり、板厚は一定とする。板厚が一定の薄肉閉断面では、ナダイの砂丘はプラントルの膜と一致するので全塑性ねじりモーメントと降伏ねじりモーメントは等しい。

4.9.3 塑性反りねじり

一般に、梁部材はその端部が柱に固定されるので、反りが拘束され、反りねじりモーメントが発生する。このような反りねじりを伴う塑性ねじりの問題は、まだ理論解が得られていない。ここでは、図-4.23(a)に示す両端で反りが拘束されたH形断面梁が一様なねじり外力M_Tを受ける場合の塑性ねじりについて弾性ねじりの知見を拡張して検討してみることにする。

先ず、弾性におけるねじりの方程式は、

$$GJ_T \frac{d\theta}{dz} - EC_W \frac{d^3\theta}{dz^3} = M_T \tag{4.39}$$

である。ここで、Gはせん断弾性係数、Eはヤング係数、J_Tはサン・ブナンねじり定数、C_Wは反りねじり定数である。左辺の第1項と第2項がそれぞれ自由ねじりモーメントと反りねじりモーメントで、

$$M_S = GJ_T \frac{d\theta}{dz}, \qquad M_W = -EC_W \frac{d^3\theta}{dz^3} \tag{4.40a,b}$$

である。2軸対称H形断面のJ_TとC_Wは次式で与えられる。

$$J_T = \frac{2}{3}bt_f^3 + \frac{1}{3}ht_w^3, \qquad C_W = \frac{1}{2}h^2 I_f = \frac{1}{24}h^2 b^3 t_f \tag{4.41a,b}$$

ここで、bはフランジ幅、hは上下フランジ中心間距離、t_fはフランジ厚、t_wはウェブ厚、I_fは片側フランジのウェブ軸まわりの断面2次モーメントである。

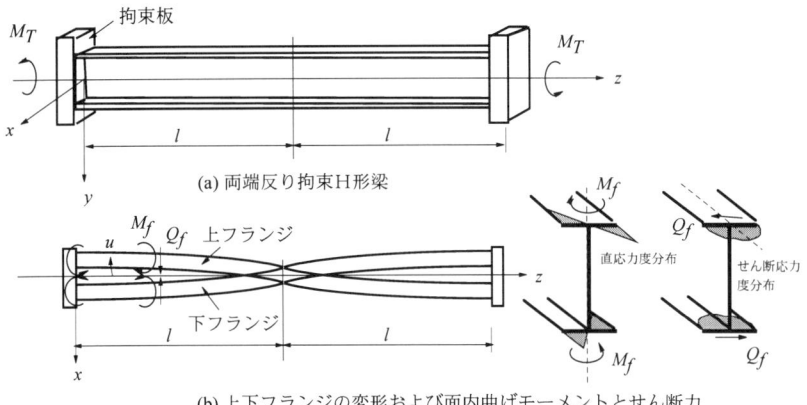

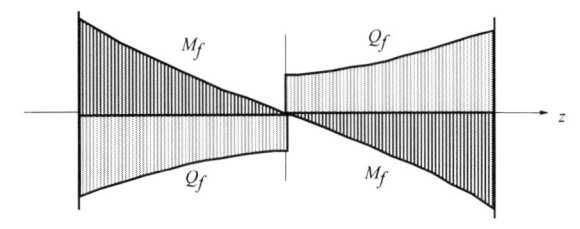

4.9 塑性ねじり

図-4.23 両端を反り拘束されたH形梁のねじり

(a) 両端反り拘束H形梁
(b) 上下フランジの変形および面内曲げモーメントとせん断力
(c) 上フランジ面内の曲げモーメントとせん断力の分布
（下フランジは符号が逆）

この場合には、M_T が材軸に沿って一定であるので、(4.39)式の一般解は、

$$\theta = C_1 + C_2 e^{\alpha z} + C_3 e^{-\alpha z} + \frac{M_T}{GJ_T} z \tag{4.42}$$

ただし、$\alpha = \sqrt{\dfrac{GJ_T}{EC_W}}$ \tag{4.43}

である。この例では、梁がスパン中央（$z=l$）に関して点対称変形をするので、$0 \leq z \leq l$ の半スパンについて考える。境界条件は、$z=0$ で $\theta = \dfrac{d\theta}{dz} = 0$、$z=l$ で $\dfrac{d^2\theta}{dz^2} = 0$ である（左端の回転を止め、右端を回転させるものとする）。これより積分定数 C_1, C_2, C_3 を定めると、結局、次の解が得られる。

$$\theta = \frac{M_T}{\alpha GJ_T}\left[\frac{\sinh\alpha(l-z)}{\cosh\alpha l} + \alpha z - \tanh\alpha l\right] \tag{4.44}$$

(4.40a,b)式にこれを代入して、自由ねじりモーメントと反りねじりモーメン

トを計算すると、

$$M_S = M_T\left[1 - \frac{\cosh\alpha(l-z)}{\cosh\alpha l}\right], \quad M_W = M_T\frac{\cosh\alpha(l-z)}{\cosh\alpha l} \quad (4.45\text{a,b})$$

となる。これを図示したのが図-4.24である。端部では$M_S = 0$となり、M_Wだけが生じる。端部から中央に向かうにつれて、M_Sが増加し、それに伴ってM_Wが低下する。もちろん、M_SとM_Wの和は常に一定値M_Tである。スパン中央では、M_WとM_Sが共存するが、その割合は$1/\cosh\alpha l$で決まる（lは半スパン長さ）。すなわち、αlが大きいときはM_Sが支配的となり、逆に、αlが小さいときはM_Wが支配的となる。通常の鉄骨梁では、αlは1.0前後の値をとり、$1/\cosh 1 = 0.65$である。

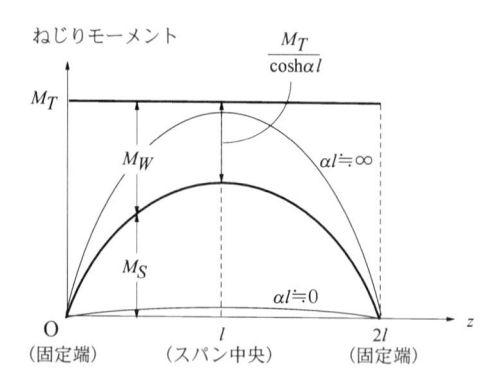

図-4.24 自由ねじりと反りねじりの割合

このことから、この梁がねじりモーメントによって塑性崩壊するのは、材端で反りねじり崩壊するか、あるいはそれ以外の場所で反りねじりと自由ねじりの組み合わせ崩壊するかのいずれかとなる。

反りねじりモーメントをもたらすのはフランジの面内曲げモーメントM_fとせん断力Q_fで、その様子は図-4.23(b)のようになる。M_fとQ_fが上下フランジで逆向きになり、これがねじりモーメントをもたらす。M_fを生むのはフランジの直応力度で、Q_fを生むのは同じくフランジのせん断応力度である。ウェブ

4.9 塑性ねじり

には応力が生じない。弾性を仮定すると、M_f と Q_f は次のように表される。

$$M_f = -EI_f \frac{d^2 u}{dz^2} = -EI_f \frac{d^2 (h\theta/2)}{dz^2} = -EI_f \frac{h}{2}\frac{d^2\theta}{dz^2}, \qquad Q_f = \frac{dM_f}{dz}$$

これに上で得た θ を代入すると、

$$M_f = -\frac{M_T}{\alpha h}\frac{\sinh\alpha(l-z)}{\cosh\alpha l}, \qquad Q_f = \frac{M_T}{h}\frac{\cosh\alpha(l-z)}{\cosh\alpha l} \qquad (4.46\mathrm{a,b})$$

となる。これを図示したのが図(c)である。シアスパン比を計算すると、

$$n = \frac{M_f/Q_f}{b} = \frac{\tanh\alpha(l-z)}{\alpha b}$$

となる。材端（$z=0$）では $n \gg 1$ となるので、4.6節の知見により、材端でのフランジの全塑性曲げ耐力に対するせん断力の影響は小さいと考えてよい。フランジの全塑性モーメントは $M_{fp} = \dfrac{b^2 t_f}{4}\sigma_y$ となるので、これを(4.46a)式に代入して、M_T（材端では $M_T = M_W$）について解くと次の全塑性反りねじりモーメントが得られる。

$$M_{Tp(end)} = M_{Wp} = \frac{\alpha h}{\tanh\alpha l}M_{fp} = \frac{\alpha h}{\tanh\alpha l}\frac{b^2 t_f}{4}\sigma_y \qquad (4.47)$$

次に、スパン中央で塑性崩壊する場合について検討する。

$$M_{Tp(center)} = M_{Sp}' + M_{Wp}' \qquad (4.48)$$

とおく。M_{Sp}' と M_{Wp}' は、自由ねじりと反りねじりの組み合わせによって全塑性ねじり状態になったときの自由ねじりモーメントと反りねじりモーメントである。スパン中央では $M_f = 0$ であるので、断面に作用するのはせん断応力だけである。

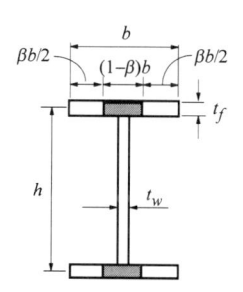

図-4.25 スパン中央のせん断力配分

そこで、図-4.25のようにフランジ中央部（網掛け部）が反りねじりを生む せん断応力で降伏する領域とし、それ以外は自由ねじりを生むせん断応力で降 伏しナダイの砂丘ができる部分とする。下界定理により、このときの全塑性ね じりモーメントは真の値を超えない。M_{Sp}'とM_{Wp}'は、

$$M_{Sp}' = \left(\beta b t_f^2 + \frac{1}{2} h t_w^2\right)\tau_y, \qquad M_{Wp}' = (1-\beta) b t_f h \tau_y \qquad (4.49\text{a,b})$$

となる。ここで、M_{Sp}'とM_{Wp}'が弾性のときと同じ比が保たれるとすると、(4.45a,b)式で$z=l$とおくことにより、

$$\frac{M_{Sp}'}{M_{Wp}'} = \cosh\alpha l - 1 \qquad (4.50)$$

となる。(4.49a,b)式と(4.50)式よりβが定まるので、M_{Sp}'とM_{Wp}'が求められ、(4.48)式からスパン中央で塑性崩壊するときのねじりモーメントが得られる。

図-4.26に示すH形断面について具体的に数値を計算してみると次のように なる。フランジ幅をbとし、それ以外の寸法をすべてbに対する比で表してい る。なお、$\tau_y = \sigma_y/\sqrt{3}$とする。

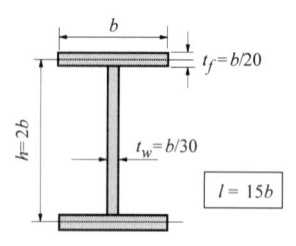

図-4.26　H形断面の例題

$J_T = 0.0001080 \times b^4, \qquad C_W = 0.008333 \times b^6,$

$\dfrac{G}{E} = \dfrac{1}{2(1+\nu)} = \dfrac{1}{2(1+0.3)} = \dfrac{1}{2.6}, \qquad \alpha = \dfrac{0.07061}{b}, \qquad \alpha l = 1.0591,$

$\cosh\alpha l = 1.6153, \qquad \sinh\alpha l = 1.2686, \qquad \tanh\alpha l = 0.78534,$

$M_{fp} = \dfrac{b^3}{80}\sigma_y, \qquad M_{Sp} = 0.00208 \times b^3 \sigma_y, \qquad M_{Wp} = 0.00225 \times b^3 \sigma_y,$

$\beta = 0.9436, \qquad M_{Sp}' = 0.00200 \times b^3 \sigma_y, \qquad M_{Wp}' = 0.00326 \times b^3 \sigma_y,$

$M_{Tp(end)} = 0.00225 \times b^3 \sigma_y, \qquad M_{Tp(center)} = 0.00526 \times b^3 \sigma_y$

これより、材端で塑性崩壊し、そのときの全塑性ねじりモーメントは

$0.00225 \times b^3 \sigma_y$ であることがわかる。

以上の議論で注意しなければならないのは、材軸方向の応力分布が弾性状態と同じ比率で変化することを仮定していることである。実際には、降伏が始まって全塑性に到る過程で、弾性のねじり方程式が成り立たなくなる。この問題に対する厳密解は未だ得られていない。

演習問題

4.1) 図を見て次の問いに答えよ。

(1) 図の3つの断面を、計算をしないで定性的な判断に基いて、形状係数の大きい順に並べよ。その判断根拠を述べよ。

(2) それぞれの断面の弾性断面係数 Z_e、塑性断面係数 Z_p、形状係数 f を計算せよ。

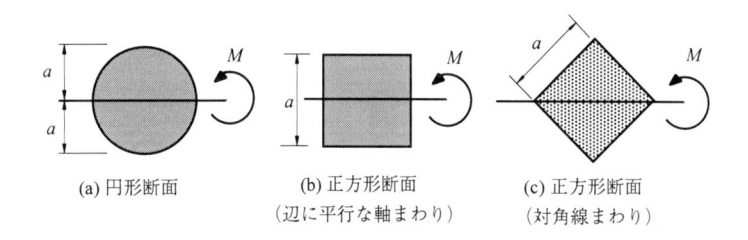

(a) 円形断面　　(b) 正方形断面（辺に平行な軸まわり）　　(c) 正方形断面（対角線まわり）

演習図-4.1

4.2) 鉄骨造によく使われるH形断面が強軸曲げを受けるとき、形状係数は小さく、およそ1.10～1.15の範囲にある。次の10種類のH形断面について、形状係数の値を求めよ。サイズの記号はH-$H \times B \times t_w \times t_f$ で、単位はmmである。

　　(1) H-200×200×8×12　　(2) H-300×300×10×15

(3) H-400×400×13×21　　(4) H-340×250×9×14

(5) H-488×300×11×18　　(6) H-700×300×13×24

(7) H-900×300×16×28　　(8) H-250×125×6×9

(9) H-450×200×9×14　　(10) H-600×200×11×17

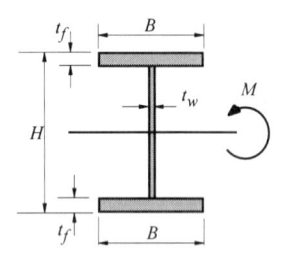

演習図-4.2

4.3) 形状係数について次の設問に答えよ。

(1) 形状係数が1より大きい理由を説明せよ。

(2) 形状係数が限りなく1に近い断面はどのような断面か、図示して説明せよ。

(3) 形状係数が限りなく大きい断面はどのような断面か、図示して説明せよ。

4.4) 図に示すような半径Rの円形断面の中心に一辺$2a$の正方形の孔が開いた断面がある。x軸回りの塑性断面係数Z_{px}を求めよ。ただし、$R>\sqrt{2}a$とする。

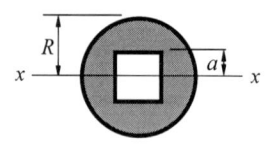

演習図-4.4

4.5) 体重が800Nのジョーンズ博士は下図の橋を無事渡ることができるか。次の2つのケースについて答えよ。ただし，橋の断面は幅が300mmで高さが50mmの長方形断面とし，橋の自重は無視してよい。

ケース（1）橋が降伏強さ20N/mm^{2}の完全弾塑性材料でつくられている場合

ケース（2）橋が破壊強さ20N/mm^{2}の完全弾性材料でつくられている場合

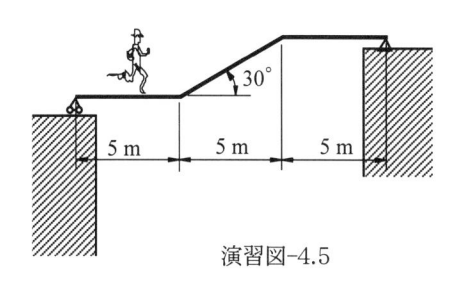

演習図-4.5

4.6) 両端が単純支持された長さLの梁の中央に集中荷重Pが作用している。梁の断面は幅b，高さhの矩形断面である。この矩形断面の上部にさらに幅$b/9$，高さhの矩形断面を溶接して補強した。もとの断面および補強断面は同じ材質であり，降伏応力度はσ_yである。さて，補強前の弾性断面係数は$Z_e = \frac{1}{6}bh^2$であるので，降伏モーメントは$M_y = Z_e \sigma_y = \frac{1}{6}bh^2 \sigma_y$、よって，降伏荷重$P_y$は，スパン中央の曲げモーメントが$M_y$に達する条件から，$P_y = 4M_y/L = \frac{2}{3}bh^2\sigma_y/L$となる。次に，補強後の弾性断面係数は，中立軸が上縁から$7h/5$の位置にあることから，$Z_e' = \frac{26}{189}bh^2$となる。よって，降伏モーメントは$M_y' = \frac{26}{189}bh^2\sigma_y$、降伏荷重は$P_y' = \frac{104}{189}bh^2\sigma_y/L$となる。これは補強前の降伏荷重より小さい。補強したら弱くなった！？ この弾性設計の不合理を塑性設計の立場から解決せよ。

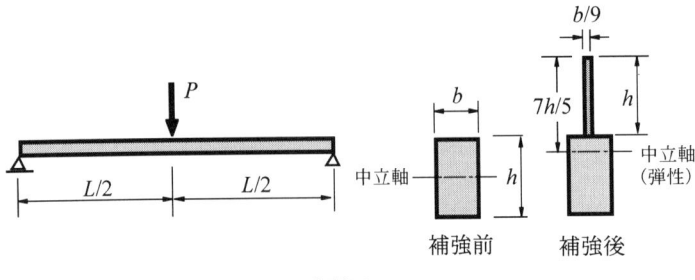

演習図-4.6

4.7) 図に示すように、幅 b、高さ h の長方形断面を有する材料Aと材料Bが完全に接着され、1つの断面（$b \times 2h$）を構成している。材料Aと材料Bの降伏応力度はそれぞれ σ_y と $2\sigma_y$ で、ともに完全弾塑性材料（圧縮、引張とも）である。この複合材料の接合線 $X-X$ に平行な軸回りに曲げが作用したときの全塑性モーメント M_p を求めよ。軸力は作用しないものとする。
（注意：中立軸は図の $X-X$ 軸とは必ずしも一致しない。）

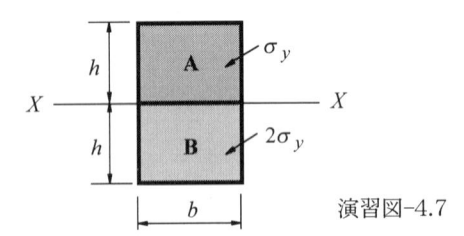

演習図-4.7

4.8) 引張降伏応力度が圧縮降伏応力度の2倍である完全弾塑性材料で作られた長方形断面梁の全塑性モーメントを求めよ。

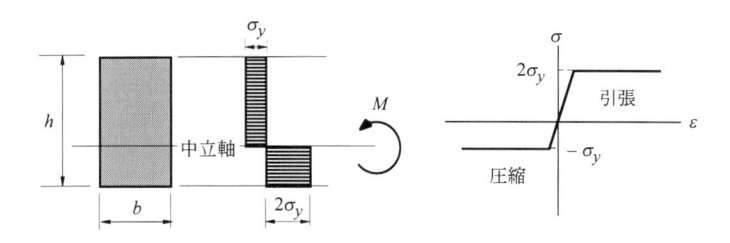

演習図-4.8

4.9) 図のような４つの直線で近似された$M-\phi$曲線をもつ片持ち梁がある。次の問に答えよ。

(1) 片持ち梁の先端に作用する荷重が最大荷重に達したときの先端たわみδ_uをα, ϕ_p, lで表せ。

(2) 上で得られた式に$\alpha = 1.1, 1.2, 1.3$を代入し、δ_uがαに対してどのように変化するか調べよ。

(3) $M-\phi$曲線が完全弾塑性のとき片持ち梁に塑性変形が生じないことを示せ。

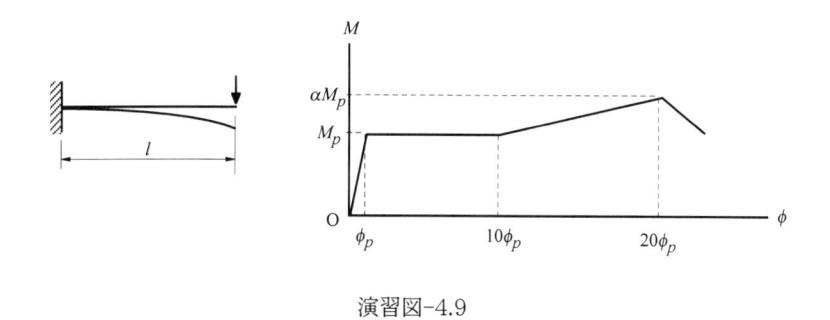

演習図-4.9

4.10) 中央集中荷重を受ける単純支持梁ＡＢと材端に等モーメントを受ける単純支持梁ＣＤがある。梁の長さはそれぞれ$2L$であり、曲げモーメントと曲率の関係（$M-\phi$カーブ）は図のように与えられている。このとき、次のことを証明せよ。なお、せん断変形は考慮しなくてよい。

(1) 梁ＡＢにおいて集中荷重 P が最大値 $2M_u/L$ に達したときの材端回転角 θ_{uA} は $M-\phi$ カーブの補面積 A_c（斜線部の面積）に比例する。

(2) 梁ＣＤにおいて材端モーメントが最大値 M_u に達したときの材端回転角 θ_{uC} は終局曲率 ϕ_u に比例する。

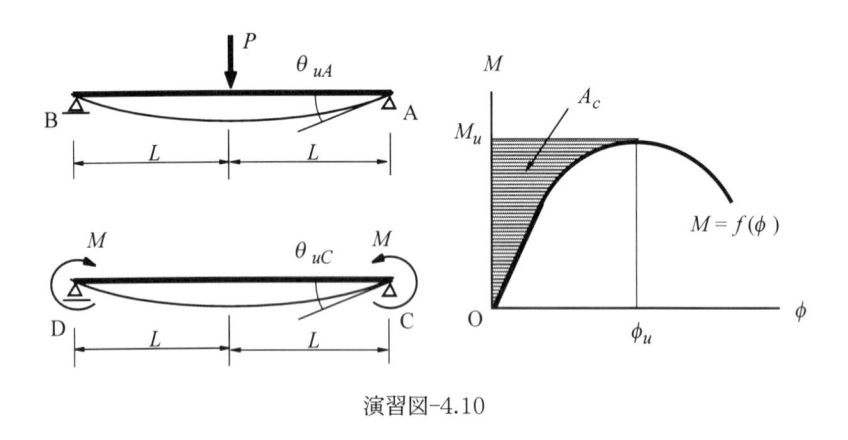

演習図-4.10

4.11）断面に封じ込められた自己釣り合い状態の残留応力は全塑性モーメントの大きさに影響を与えないことが知られている。その理由を下図の例を用いて説明せよ。

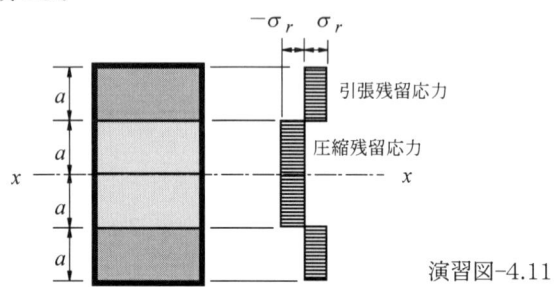

演習図-4.11

第5章

梁-柱の塑性挙動

5.1 曲げモーメント―軸力―曲率の関係

　前章では曲げモーメントが作用する梁の塑性挙動について学んだ。ここでは、曲げモーメントに加え軸力が同時に作用する**梁-柱**の塑性挙動について説明する。梁-柱は**ビーム・コラム** (beam-column) とも呼ばれる。一般に、ラーメン構造の建物の柱には曲げモーメントと圧縮軸力（ときには引張軸力）が作用するので、ビーム・コラムとなる。梁はビーム・コラムにおいて軸力が0である特別な場合と考えることもできる。

　梁の解析で行ったと同じように、先ず、この節では断面の曲率について調べてみよう。材料は図-5.1に示すように完全弾塑性とするが、破線で示したひずみ硬化も考えに入れておくことにしよう。

　ここでのビーム・コラムは、圧縮軸力 N が一定で曲げモーメント M が徐々に増加する場合を考える。圧縮軸力は断面の図心に作用し、偏心曲げモーメントをもたらさないものとする。このような状況は、建物の柱が重力による一定の鉛直荷重を受け、地震や風による変動水平力を受ける場合に相当する。そのときの断面のひずみと応力の状態が弾性から塑性へ進行する過程を図-5.2で見てみよう。梁と同様に平面保持の仮定が成り立つものとする。

　先ず、段階①では、曲げモーメントがまだ小さいので、断面全体が弾性にとどまっている。すなわち、圧縮側最外縁と引張側最外縁の応力―ひずみ状態

（$(\bar{1})$と(1)）は図-5.1の応力-ひずみ曲線の弾性部分にある。ここで、注意すべき点は、圧縮軸力の存在によって中立軸が断面の図心軸には一致せず、圧縮側最外縁のほうが引張側最外縁よりも大きなひずみと応力が生じることである。

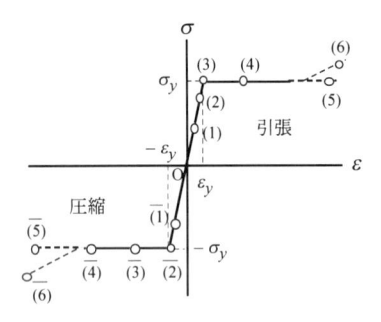

図-5.1 材料の応力-ひずみ曲線

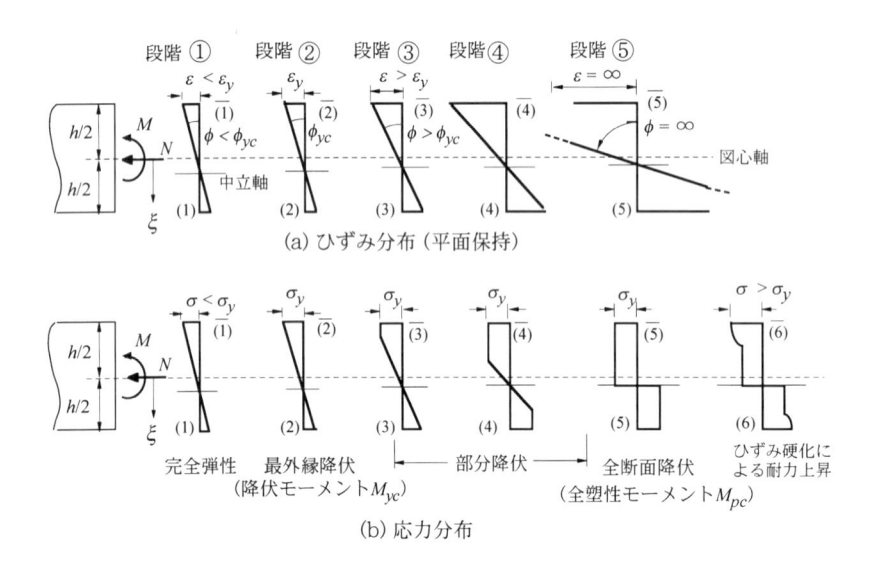

図-5.2 曲げと圧縮を受ける断面のひずみ分布と応力分布

5.1 曲げモーメント－軸力－曲率の関係

弾性の状態は圧縮側最外縁が降伏し始める段階②で終了する。このときの曲げモーメント M_{yc} を**降伏モーメント**、曲率 ϕ_{yc} を**降伏曲率**という。添字の c は圧縮軸力 (compression) が併存していることを表す。このとき、引張側はまだ降伏していない。圧縮側最外縁の応力－ひずみ状態($\bar{2}$)は図-5.1の応力－ひずみ曲線のちょうど降伏点に位置するが、引張側最外縁の(2)はまだ弾性直線の途中にある。

段階②を超えて、さらに曲げモーメントが増えると、断面の曲率が増加し、それに伴ってひずみも増大するが、応力度は降伏応力度で頭打ちになるので、降伏した側では、応力分布の形が三角形から台形に変化する。それが段階③～④で示される部分降伏の過程である。

曲率が無限大まで進行したとすると、中立軸を境に上下の断面がそれぞれ圧縮と引張の降伏応力度で満たされる。それが図の段階⑤である。このときの曲げモーメント M_{pc} を**軸力下の全塑性モーメント**という。実際には、材料にひずみ硬化があるので、断面の応力度が降伏応力度を超え、断面の曲げモーメントは全塑性モーメントを上回ることになる。

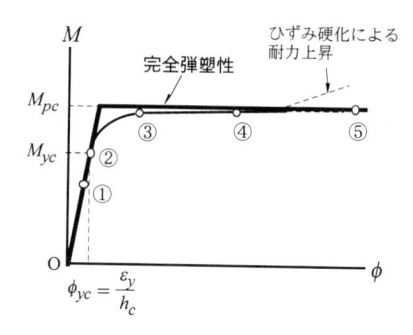

図-5.3 曲げと圧縮を受ける断面の曲げモーメントと曲率の関係

以上の過程をグラフで表すと、図-5.3のようになり、塑性解析に適用するときは、図の太実線の完全弾塑性で近似したカーブを用いることが多い。このカー

ブの段階①〜⑤の方程式は梁で行ったのと同じ方法で計算することができるが、長方形断面のようなごく簡単な対称断面の場合でもかなり骨が折れる。それは、軸力の影響によって中立軸の位置がずれていくからである。そこで、コンピュータを用いた数値解析でこのカーブの形を求めているのが実情であるが、基本的な考え方を長方形断面について説明しておこう。

先ず、弾性領域（図-5.3の原点から②までの範囲）においては、重ね合わせの原理が成り立つので、図-5.4の上段に示すように、ひずみと応力は圧縮軸力と曲げモーメントによるものの足し合わせとなる。$\sigma_c = \dfrac{N}{A}$、$\sigma - \sigma_c = \dfrac{M}{Z_e}$ の関係を用いると、

$$\phi = \frac{\varepsilon - \varepsilon_c}{h/2} = \frac{\sigma - \sigma_c}{Eh/2} = \frac{M/Z_e}{Eh/2} = \frac{M}{E(Z_e h/2)} = \frac{M}{EI}$$
$$\therefore M = EI\phi \tag{5.1}$$

となる。この関係式は軸力がない場合と同じである。弾性限は圧縮側最外縁の降伏であるので、

$$M_{yc} = EI\phi_{yc} = EI\frac{\sigma_y - \sigma_c}{Eh/2} = \sigma_y\left(1 - \frac{\sigma_c}{\sigma_y}\right)Z_e = \left(1 - \frac{N}{N_y}\right)\sigma_y Z_e = (1-p)M_y$$
$$\therefore M_{yc} = (1-p)M_y \tag{5.2}$$

比例関係により、$\phi_{yc} = (1-p)\phi_y$ \tag{5.3}

となる。ここで、N_y は降伏軸力（この場合は $N_y = \sigma_y A = \sigma_y bh$）、$M_y$ は軸力がないときの降伏モーメント（この場合は $M_y = \sigma_y Z_e = \sigma_y \dfrac{bh^2}{6}$）、$\phi_y$ は軸力がないときの降伏曲率（この場合は $\phi_y = \dfrac{\varepsilon_y}{h/2}$）である。$p$ は次式で定義され、**軸力比**という。

$$p = \frac{N}{N_y} \tag{5.4}$$

ただし、$0 \leq p \leq 1$（引張と圧縮の両方を含めるときは $-1 \leq p \leq 1$）

次に、部分降伏の状態について考えると、圧縮側だけが降伏した状態（図の中段）と圧縮側と引張側の両方が降伏した状態（図の下段）がある。圧縮側だけが降伏した場合には、次式の軸力とモーメントの釣合いが成り立たなければ

5.1 曲げモーメント－軸力－曲率の関係

ならない。

$$N = \sigma_y b(h_c - h_1) + \frac{1}{2}\sigma_y b h_1 - \frac{1}{2}\sigma_y b(h - h_c)$$

$$M = \sigma_y b(h_c - h_1)\frac{h_c + h_1}{2} + \frac{1}{2}\sigma_y b h_1 \frac{2h_1}{3} + \frac{1}{2}\sigma_y b(h - h_c)\frac{2(h - h_c)}{3} - N\left(h_c - \frac{h}{2}\right)$$

ただし、$h_1 = \dfrac{\varepsilon_y}{\phi}$

第1式から中立軸の位置 h_c が決まり、それを第2式に代入することによって $M-\phi$ カーブが求められる。この状態の終わりは、引張側が降伏し始めるとき、すなわち $\phi = \dfrac{\varepsilon_y}{h - h_c}$ である。

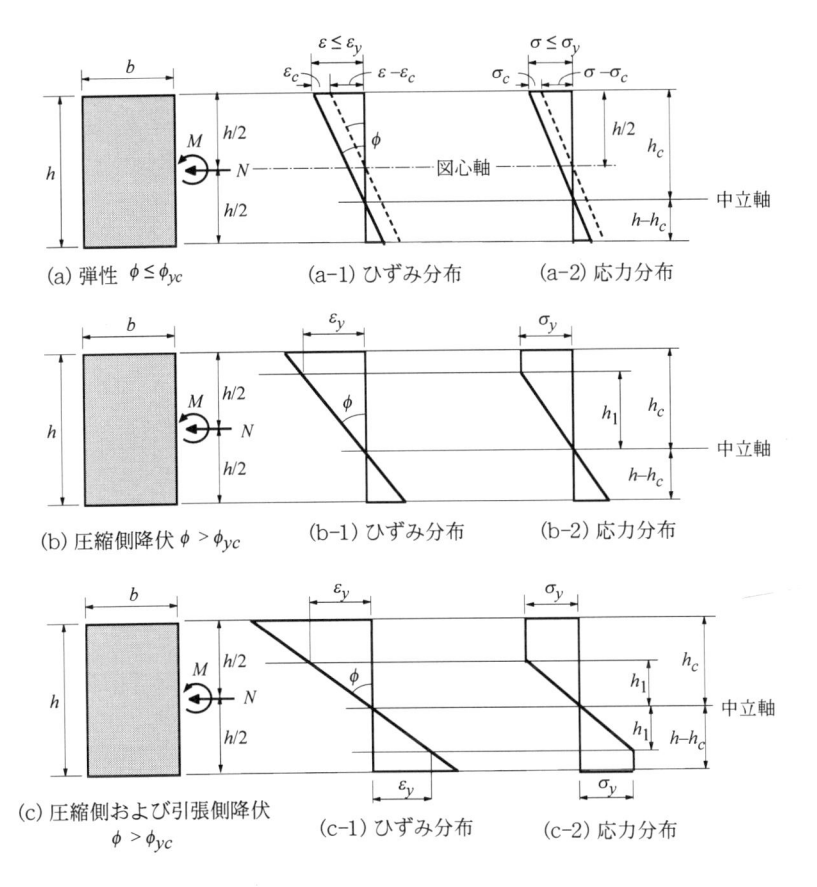

図-5.4 曲げと圧縮を受ける断面のひずみと応力の分布（長方形断面）

最後に、圧縮側と引張側がともに降伏する状態（図の下段）では、

$$N = \sigma_y b(h_c - h_1) + \frac{1}{2}\sigma_y b h_1 - \sigma_y b(h - h_c - h_1) - \frac{1}{2}\sigma_y b h_1$$

$$M = \sigma_y b(h_c - h_1)\frac{h_c + h_1}{2} + \frac{1}{2}\sigma_y b h_1 \frac{4h_1}{3} + \sigma_y b(h - h_c - h_1)\frac{h - h_c + h_1}{2} - N\left(h_c - \frac{h}{2}\right)$$

ただし、$h_1 = \dfrac{\varepsilon_y}{\phi}$

となる。この場合も、第1式から中立軸の位置h_cが決まり、第2式から$M-\phi$カーブが求められる。この状態の終わりは$\phi = \infty$である。

5.2 軸力下の全塑性モーメント

ここで、梁-柱の降伏モーメントと全塑性モーメントを整理しておこう。長方形断面で説明する。

先ず、**降伏モーメント**は最外縁が降伏するときの曲げモーメントである。圧縮軸力が作用するときは、圧縮側最外縁の応力度のほうが大きくなるので、図-5.5(a)に示すように圧縮側最外縁が降伏する。これは図(b),(c)のように軸力成分と曲げ成分に分解することができる。

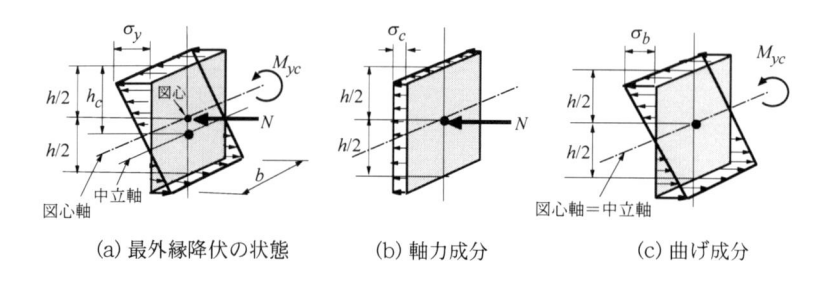

(a) 最外縁降伏の状態　　(b) 軸力成分　　(c) 曲げ成分

図-5.5　曲げと圧縮をうける断面の降伏モーメント

軸力による応力σ_cと曲げによる最外縁応力σ_bは、それぞれ次のように表される。

5.2 軸力下の全塑性モーメント

$$\sigma_c = \frac{N}{A} \qquad \sigma_b = \frac{M}{Z_e} \qquad (5.5\text{a,b})$$

ここで、Aは断面積で、Z_eは弾性断面係数である。これが組み合わさったときの圧縮側最外縁の応力度が降伏応力度に達したときに降伏し、$M = M_{yc}$となるので、$\sigma_c + \sigma_b = \sigma_y$ より次式が得られる。

$$\sigma_c + \frac{M_{yc}}{Z_e} = \sigma_y \qquad \therefore M_{yc} = (\sigma_y - \sigma_c)Z_e \qquad (5.6)$$

軸力がないときの降伏モーメントは $M_y = \sigma_y Z_e$ であるので、これを使って上式を書き直すと、

$$M_{yc} = \left(1 - \frac{\sigma_c}{\sigma_y}\right)\sigma_y Z_e = (1-p)M_y \qquad (5.7)$$

となる。p は前に出てきた軸力比で、$p = \dfrac{\sigma_c}{\sigma_y} = \dfrac{N}{N_y}$ で定義される。上式は、軸力の存在によって降伏モーメントが直線的に低下することを表しており、この式は断面の形によらず成立する。

次に、**全塑性モーメント**について図-5.6(a)を参照して計算してみよう。この場合も図(b),(c)のように軸力成分と曲げ成分に分解することができる。

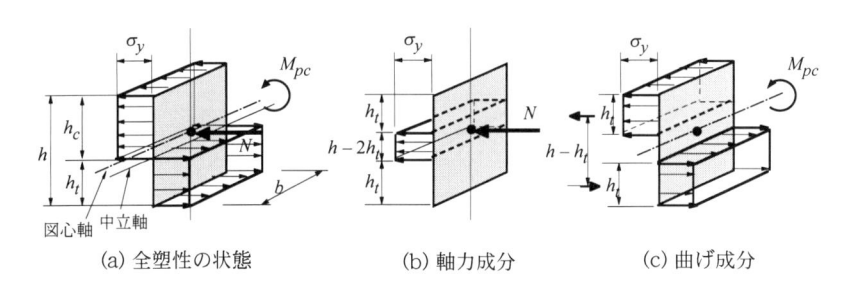

(a) 全塑性の状態　　(b) 軸力成分　　(c) 曲げ成分

図-5.6　曲げと圧縮をうける断面の全塑性モーメント

図(b)の軸力の釣合いおよび図(c)のモーメントの釣合いから、

$$N = \sigma_y b(h - 2h_t) \qquad M_{pc} = \sigma_y b h_t (h - h_t)$$

が成り立つ。第1式から中立軸位置 h_t が次のように求められる。

$$h_t = \frac{h}{2}\left(1 - \frac{N}{\sigma_y bh}\right) = \frac{h}{2}\left(1 - \frac{N}{N_y}\right) = \frac{h}{2}(1-p)$$

これを第2式に代入すると、

$$M_{pc} = \sigma_y b \frac{h}{2}(1-p)\frac{h}{2}(1+p) = \left(1-p^2\right)\frac{\sigma_y bh^2}{4} = \left(1-p^2\right)\sigma_y Z_p$$

$$\therefore M_{pc} = \left(1-p^2\right)M_p \tag{5.8}$$

となる。この式から、軸力比の増加に伴い全塑性モーメントが低下する性質がわかる。$p=0$のときは梁となるので、$M_{pc} = M_p$である。(5.8)式は次のようにも表される。

$$\frac{M_{pc}}{M_p} + \left(\frac{N}{N_y}\right)^2 = 1 \tag{5.9}$$

これを図示すると図-5.7のようになり、これを梁-柱の**M-N相関曲線** (*M-N interaction curve*) という。長方形断面の相関曲線は放物線であり、軸力が小さい範囲では全塑性モーメントの低下は小さい。ラーメン形式の建物の梁には、実際には僅かの軸力が作用するが、それによる全塑性モーメントの低下は小さいので無視できることがわかるであろう。

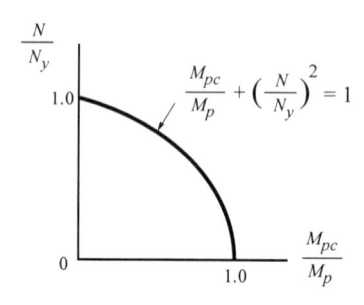

図-5.7　長方形断面の*M-N*相関曲線

*M-N*相関曲線の方程式は断面の形によって変わる。以下の2つの例題で円形中空断面とH形断面の*M-N*相関曲線を導いてみよう。これは鉄骨造の塑性設計でよく用いられる。

5.2 軸力下の全塑性モーメント

(例1－円形中空断面のM-N相関曲線)

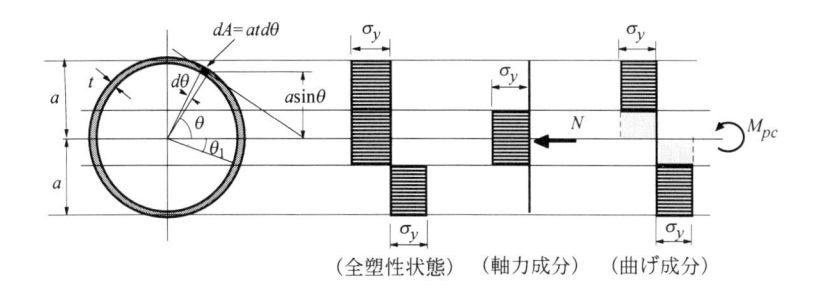

図-5.8　円形中空断面の軸力下における全塑性状態

図-5.8に示す円形中空断面のM-N相関曲線を求めてみよう。板厚tは半径aに比べて十分小さいとする。中立軸が中心角θ_1の位置に在るとすると、軸力の釣合いから、

$$N = 4a\theta_1 t\sigma_y \qquad \therefore \theta_1 = \frac{N}{4at\sigma_y} = \frac{N}{4at\sigma_y}\frac{2\pi at\sigma_y}{N_y} = \frac{\pi}{2}\frac{N}{N_y}$$

となる。曲げモーメントは、

$$M_{pc} = 4\int_{\theta_1}^{\pi/2} \sigma_y (at d\theta) a\sin\theta = 4a^2 t\sigma_y [-\cos\theta]_{\theta_1}^{\pi/2} = 4a^2 t\sigma_y \cos\theta_1 = 4a^2 t\sigma_y \cos\left(\frac{\pi}{2}\frac{N}{N_y}\right)$$

となる。板厚が半径に比べて十分小さい円形中空断面の塑性断面係数は $Z_p = 4a^2 t$ であるので、

$$M_{pc} = \sigma_y Z_p \cos\left(\frac{\pi}{2}\frac{N}{N_y}\right) = M_p \cos\left(\frac{\pi}{2}\frac{N}{N_y}\right)$$

$$\therefore \frac{M_{pc}}{M_p} = \cos\left(\frac{\pi}{2}\frac{N}{N_y}\right) \tag{5.10}$$

が得られる。

(例2－H形断面のM-N相関曲線)

鉄骨造建築物に多く用いられるH形断面のM-N相関曲線を求めてみよう。図-5.9に示すようにH形断面は2つのフランジとそれをつなぐウェブから構成さ

れており、2軸対称断面である。ウェブの中心を通る直交2軸が主軸であり、ウェブに垂直な軸のほうが強軸となるので、曲げモーメントがこの軸まわりに作用するように設計されることが多い。この例においても、ウェブ軸に垂直な軸まわりに曲げモーメントが作用するものとする。

軸力がないときの中立軸はウェブの中心を通る図心軸であるが、軸力が作用すると中立軸は図心軸からずれていく。軸力が小さいうちは中立軸はウェブを通るが、軸力が大きくなるとフランジを通るようになる。したがって、図(a),(b)で示すように、2つの場合に分けて検討する必要がある。

先ず、中立軸がウェブを通るとき、図(a)の軸力成分を見ると、軸力はウェブの降伏軸力を超えてはならないことがわかる。したがって、中立軸がウェブを通る条件は $N \leq \sigma_y A_w$ である。A_w はウェブの断面積で、図の記号を用いると $A_w = t_w(H - 2t_f)$ である。ここで、軸力比 $p = \dfrac{N}{N_y} = \dfrac{N}{A\sigma_y}$ を用いると、この条件は $p \leq \dfrac{A_w}{A}$ で表される。A は全断面積で $A = A_w + 2A_f$ である。A_f は片側フランジの断面積で $A_f = Bt_f$ である。軸力と曲げモーメントの釣合いより、

$$N = 2y_n t_w \sigma_y$$

$$M_{pc} = M_p - \sigma_y t_w y_n^2$$

となる。第1式の y_n を第2式に代入すれば、次式が得られる。

$$M_{pc} = M_p - \sigma_y t_w \left(\frac{N}{2t_w \sigma_y}\right)^2 = M_p - \frac{N^2}{4t_w \sigma_y} = M_p - \frac{p^2 A^2}{4t_w}\sigma_y$$

これを $M_p = \sigma_y Z_p = \sigma_y \left[Bt_f h + \dfrac{1}{4}(h - t_f)^2 t_w \right]$ で除して整理すると、

$$\frac{M_{pc}}{M_p} = 1 - \frac{A^2}{\left(4A_f \dfrac{h}{h - t_f} + A_w\right) A_w} p^2 \tag{5.11a}$$

が得られる。これが、$p \leq \dfrac{A_w}{A}$ における M–N 相関曲線である。

次に、軸力が大きくなって中立軸がフランジを通る図(b)の場合について計算してみよう。この条件は $p > \dfrac{A_w}{A}$ である。軸力と曲げモーメントの釣合いより、

$$N = A\sigma_y - B(H - 2y_n)\sigma_y$$

5.2 軸力下の全塑性モーメント

$$M_{pc} = B\left(\frac{H}{2} - y_n\right)\left(\frac{H}{2} + y_n\right)\sigma_y$$

となる。第1式をy_nについて解いて第2式に代入して整理すると，

$$\frac{M_{pc}}{M_p} = \frac{2A(1-p)}{4A_f\dfrac{h}{h-t_f} + A_w}\left[\frac{h+t_f}{h-t_f} - \frac{1}{2}(1-p)\frac{A}{B(h-t_f)}\right] \tag{5.11b}$$

が得られる。これが，$p > \dfrac{A_w}{A}$におけるM-N相関曲線である。

以上の(5.11a,b)式がH形断面のM-N相関曲線であるが，かなり複雑な式である。そこで，設計では次の近似式を用いることが多い。

$$\frac{N}{N_y} \leq \frac{A_w}{2A} \text{のとき，} M_{pc} = M_p \tag{5.12a}$$

$$\frac{N}{N_y} > \frac{A_w}{2A} \text{のとき，} M_{pc} = 1.14\left(1 - \frac{N}{N_y}\right)M_p \quad \text{ただし，} M_{pc} \leq M_p \tag{5.12b}$$

この設計式は，いろいろなH形断面に対する(5.11a,b)式による精解を近似できるように定めたもので，式の形が簡潔な割には精度がよい。

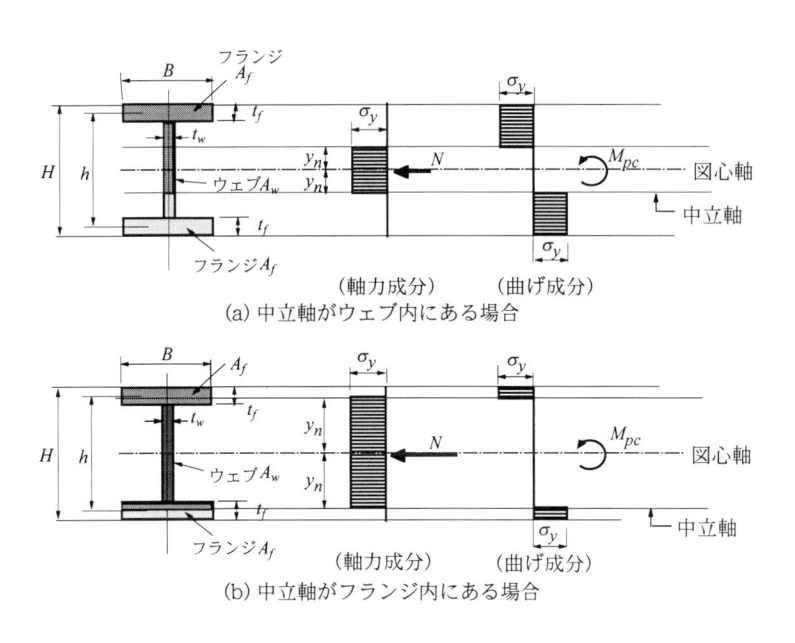

図-5.9 H形断面の軸力下における全塑性状態

5.3 梁-柱の塑性変形

曲げと同時に軸力を受けるビーム・コラムは、曲げによって生じるたわみが軸力と相乗して曲げモーメントがさらに付加される。これが、曲げだけを受ける梁と異なる点である。軸力の影響を除いた曲げモーメントを **1 次曲げモーメント** (primary bending moment)、軸力とたわみの積による付加曲げモーメントを **2 次曲げモーメント** (secondary bending moment) という。

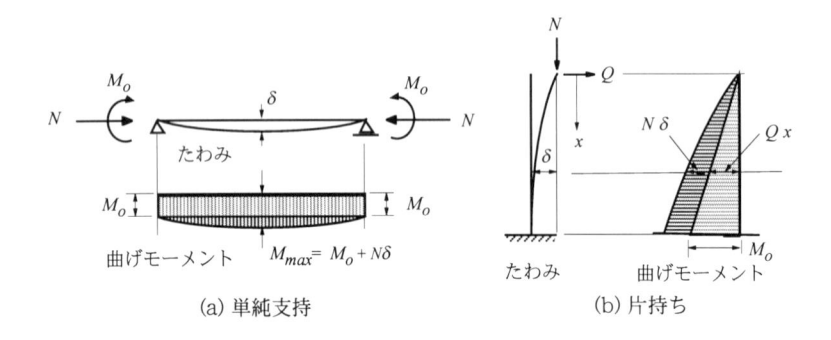

(a) 単純支持   (b) 片持ち

図-5.10　ビーム・コラムの例

例えば、図-5.10(a)のように、一様曲げ M_o を受ける単純支持梁に圧縮軸力 N が作用すると、曲げモーメントは一様には分布しない。曲げモーメントは材端では M_o であるが、たわみが最大となる中央で曲げモーメントも最大となる。このとき、$M-\phi$ カーブが完全弾塑性であれば、中央の曲げモーメントが全塑性モーメント M_{pc} に達すると、その後はモーメントが増加しないのでビーム・コラムには塑性変形が生まれないことになる。したがって、ひずみ硬化によって M_{pc} を超えるモーメント耐力の増加があることが塑性変形を生む重要な要因となる。このことは、図(b)のように 1 次曲げモーメントに勾配のある場合も同じである。

ビーム・コラムの塑性変形を計算するのは梁に比べて複雑であり、コン

ピュータによる数値解析に頼らなければならない。その結果について簡単に紹介しておこう。先ず、断面の $M-\phi$ カーブは一般にひずみ硬化を考慮して図-5.11(a)のように描かれる。これは、断面の形状寸法と材料の応力-ひずみ曲線、および軸力比 p から決まる。既に見たように、軸力比が大きくなると全塑性モーメントが低下するのでカーブは下にシフトする。軸力が一定で曲げモーメントが増加するビーム・コラムの1次曲げモーメントとたわみの関係は図(b)のようになる。このグラフを描くには数値解析の助けが必要である。

(a) 曲げモーメント－軸力比－曲率の関係
　　（M-p-ϕ 曲線）

(b) 1次モーメントとたわみの関係
　　（荷重-変形曲線）

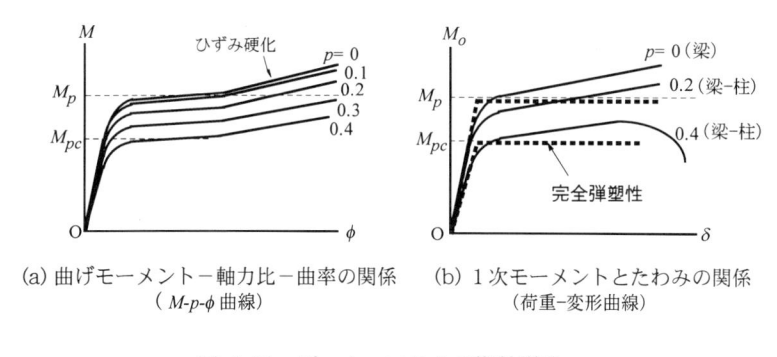

図-5.11　ビーム・コラムの塑性挙動

　上で述べたビーム・コラムの弾塑性挙動を簡単なモデルで計算してみよう。図-5.12(a)は下端が回転バネで支えられた剛な片持ち柱で、その上端に水平力 Q と圧縮軸力 N が作用している。回転バネの曲げモーメント M と回転角 θ の関係を表すカーブは図(b)に示すように弾性部分と降伏後直ちにひずみ硬化する塑性部分からなるものとし、その回転剛性をそれぞれ k_e, k_p とする。圧縮軸力 N が一定のとき、片持ち柱の水平力 Q と回転角 θ の関係はどのようになるであろうか。もし、軸力 N が無ければ、下端のバネに生じる曲げモーメントは $M = QL$ であり、M と Q が比例関係にあるので、片持ち柱の $Q-\theta$ 関係はバネの $M-\theta$ 関係と相似になる。しかし、圧縮軸力が存在すると、上端の水平変位 δ に伴って、2次曲げモーメント $N\delta$ が回転バネに加わることになるので様相が異なってく

る。

　先ず、下端についてモーメントの釣合いを考えると、

$$M = QL + N\delta = QL + NL\theta$$

である。微小変形を仮定し、$\delta = L\theta$ としてある。この式は、回転バネのモーメント抵抗 M のうち、一部は１次曲げモーメント(QL)が消費し、残りは２次曲げモーメント($N\delta = NL\theta$)が消費することを表している。２次曲げモーメントは θ に比例して大きくなる。その様子は図(b)に示す通りである。

　上式を Q について解くと、

$$Q = \frac{M}{L} - N\theta \tag{5.13}$$

となる。これは釣合い式であるから、弾性と塑性にかかわらず満たされなければならない。

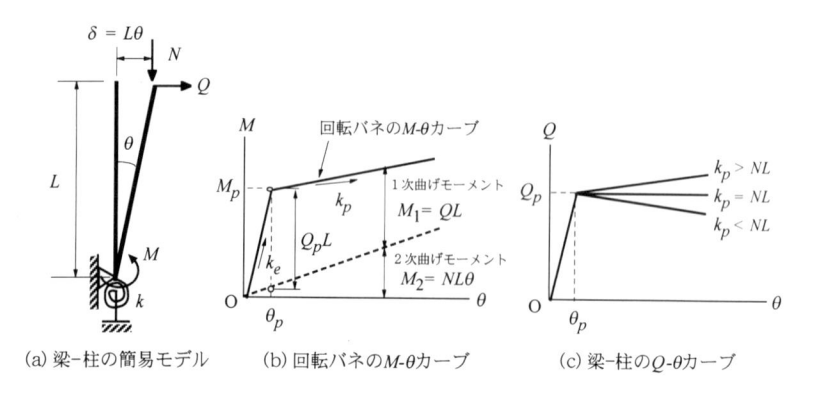

(a) 梁-柱の簡易モデル　　(b) 回転バネの M-θ カーブ　　(c) 梁-柱の Q-θ カーブ

図-5.12　ビーム・コラムの弾塑性挙動を調べる簡単なモデル

　弾性範囲すなわち $\theta \leq \theta_p$ では、$M = k_e \theta$ であるから、これを上式に代入すると、

$$Q = \left(\frac{k_e}{L} - N\right)\theta \tag{5.14}$$

となる。ただし、$\frac{k_e}{L} > N$ とする。というのは、$\frac{k_e}{L}$ が座屈荷重であり、それよ

り大きな圧縮軸力は作用させることができないからである。降伏荷重Q_pは上式で$\theta = \theta_p$とおけば、

$$Q_p = \left(\frac{k_e}{L} - N\right)\theta_p = \frac{M_p}{L} - N\theta_p \tag{5.15}$$

となり、圧縮軸力が大きいほど降伏荷重は小さくなる。

次に、降伏したあとすなわち$\theta > \theta_p$では、図(b)より$M = M_p + k_p(\theta - \theta_p)$であるから、これを上の釣合い式に代入すると、

$$Q = \frac{M_p}{L} + \frac{k_p}{L}(\theta - \theta_p) - N\theta = \frac{M_p}{L} - N\theta_p + \frac{k_p}{L}(\theta - \theta_p) - N(\theta - \theta_p)$$

$$\therefore Q = Q_p + \left(\frac{k_p}{L} - N\right)(\theta - \theta_p) \tag{5.16}$$

となる。

以上で得られたQとθの関係をグラフに描くと図(c)のようになる。上式から明らかなように、$N > \dfrac{k_p}{L}$ならば、降伏したあと水平力は低下する。これは圧縮軸力がもたらす2次曲げモーメントが回転バネのモーメント抵抗を奪ってしまうからである。降伏したあとも降伏耐力Q_pを維持するためには、$k_p \geq NL$でなければならない。k_pすなわちひずみ硬化による曲げ耐力の上昇が、ビーム・コラムの塑性変形を確保する上で重要であることがわかるであろう。

演習問題

5.1) 正方形断面が圧縮軸力と対角線まわりの曲げモーメントを受けたときの M-N 相関曲線を求めよ。

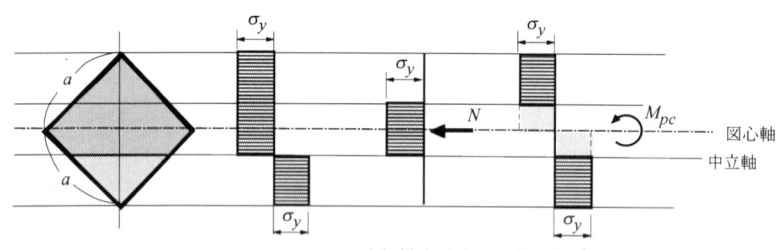

(a) 正方形断面　(b) 全塑性状態　(c) 軸力成分　(d) 曲げ成分

演習図-5.1

5.2) 図のようなビーム・コラムのモデルがある。長さ l の2本の剛な棒が真直ぐになるようにピン接合されている。その接合点はバネで拘束され、両端はピン支持されている。バネの特性は、反力を F、変位を δ とすると $F = c\sqrt{\delta}$（c は定数）で表される。圧縮軸力 N および両端に逆向きで大きさが等しい曲げモーメント M が作用したとき、次の問に答えよ。ただし、N は一定に保たれ、M は0から増加するものとする。

(1) バネ支持されたピン接合点が δ たわんでいるとき、M を N, l, δ, c で表せ。
(2) M の最大値 M_u とそのときの中央たわみ δ_u を求めよ。

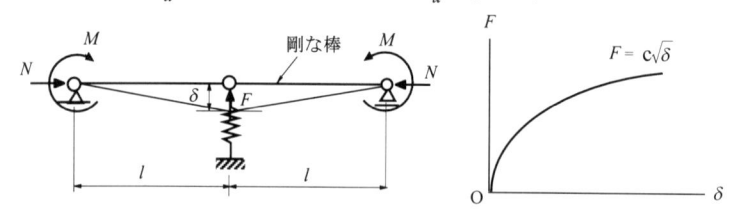

演習図-5.2

5.3) 図に示す2等辺三角形の断面に圧縮軸力 N と底辺に平行な軸まわりの曲げモーメント M が作用した。その結果、ケース（1）とケース（2）の応力分布が生じた。それぞれのケースについて、N と M を求めよ。材料は降伏強さが σ_y の完全弾塑性材料とする。

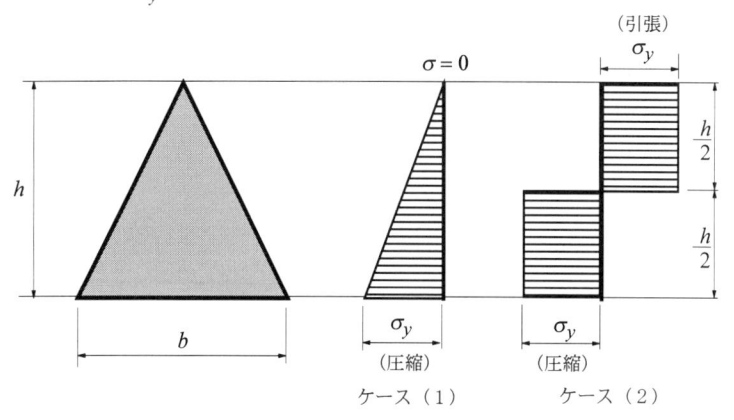

5.4) 椅子の後ろ脚2本だけに体重をかけて座る人がいるので、椅子の脚は転倒するまでは崩壊しないように設計されている。図のように、全重量とその重心位置が与えられたとき、後ろ脚1本の全塑性モーメントはいくら以上必要か。

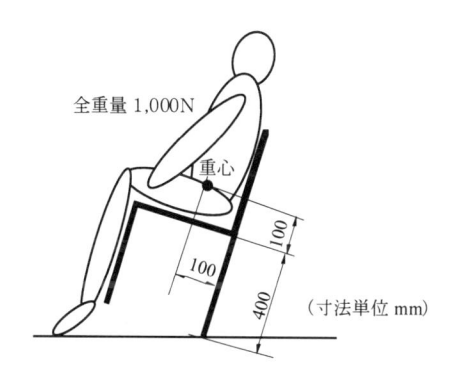

第6章

塑性解析と塑性ヒンジ理論

6.1 塑性解析の概要

この第6章から塑性解析に入るが、その前に、今まで学んだことを復習して塑性解析とのつながりを理解しておくことにしよう。

図-6.1のチャートに示すように、構造物の弾塑性挙動は、遡ると、**材料の弾塑性挙動**すなわち弾性と塑性を兼ね備えた**応力度－ひずみ度曲線**から出発する。この応力度－ひずみ度曲線は引張試験や圧縮試験によって得られる。応力度－ひずみ度曲線は、金属、コンクリート、木材など、材料の種類によって様々であるので、選択する材料次第で構造物の弾塑性挙動も当然異なってくる。

次に、長方形断面、H形断面など**断面の形と寸法**、および断面に作用する軸力、曲げモーメントなど**断面力**の種類が決まれば、これを上で求めた材料の応力度－ひずみ度曲線とあわせ考えることによって、**断面の弾塑性挙動**が定まる。例えば、断面に曲げモーメントが作用するときには、**曲げモーメント－曲率曲線**（$M - \phi$ カーブ）が得られ、これに軸力が付加されているときは**曲げモーメント－軸力比－曲率曲線**（$M - p - \phi$ カーブ）が得られる。断面に作用する応力が軸力だけのときは、**軸力－ひずみ度曲線**（$N - \varepsilon$ カーブ）が得られる。

次に、部材の**荷重条件**と**支持条件**が与えられれば、上で求めた断面のひずみ分布を材軸方向に積分することによって、**部材の弾塑性挙動**が得られる。

例えば、曲げモーメントが作用する梁の材軸に沿って曲率を積分すれば、たわみ角 θ（回転角）やたわみ δ を求めることができる。軸力材については材軸に沿って軸ひずみ度を積分すれば、伸び縮みの変形を計算することができる。これらを総称して**部材の荷重－変形曲線**という。

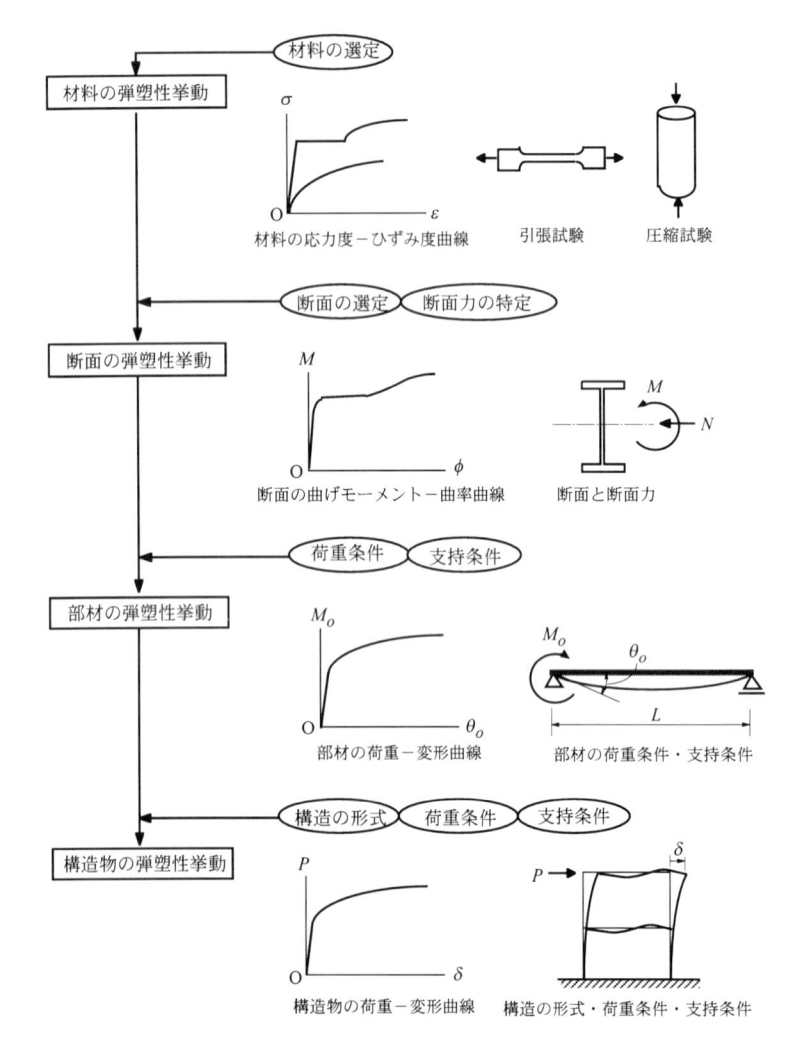

図-6.1　塑性解析の手順

最後に、部材を組み立てて構成される構造物の**構造形式**が決まれば、荷重条件と支持条件に応じて**構造物の弾塑性挙動**が計算できる。この計算方法を**骨組の塑性解析**と呼んでいるが、広い意味では上のすべての計算過程を塑性解析ということができる。塑性解析によって、構造物に作用する荷重と変形の関係すなわち**構造物の荷重－変形曲線**が得られる。これに基づいて設計者は構造物の安全性を吟味することになる。

6.2　塑性ヒンジ

　前節で述べた塑性解析は、材料の弾塑性挙動から出発し一貫したものではあるが、設計者にとってはかなり煩雑な作業となる。このような一連の塑性解析はコンピュータを用いた数値解析に頼らざるを得ない。そこで、**塑性関節**あるいは**塑性ヒンジ** (plastic hinge) と呼ばれる仮想のヒンジを導入した塑性解析が行われている。この簡便法によって予測される構造物の塑性挙動は工学的には十分満足できる精度を持っていることが実験で確かめられている。

　先ず、塑性ヒンジがどのようなものであるかを図-6.2(a)に示す片持ち梁の弾塑性挙動を使って説明しよう。片持ち梁の先端に荷重が作用すると固定端に最大曲げモーメントが生じるので、ここから降伏が始まる。最初に最外縁が降伏し（段階①）、応力再配分が起こって全塑性状態に到り（段階②）、さらにひずみ硬化によって荷重および固定端曲げモーメントは増えていく（段階③）。その過程で降伏領域は固定端から少しずつ広がり、それに伴って図(b)のように変形も増大する。片持ち梁の**回転角** θ（先端たわみ δ を長さ L で除したもの）と材端曲げモーメント M との関係を描くと、第4章で学んだように、図(c)のようになる。これが現実的な荷重－変形関係であるが、このままでは塑性解析を行うのに不便である。そこで、この曲線を**完全弾塑性**で近似する。この近似によって無視されるのは、最外縁降伏から全塑性までの部分降伏の現象、および

ひずみ硬化による曲げモーメントの上昇であるが、このことは構造物の塑性挙動にとっては2次的なものであることが経験的に知られている。

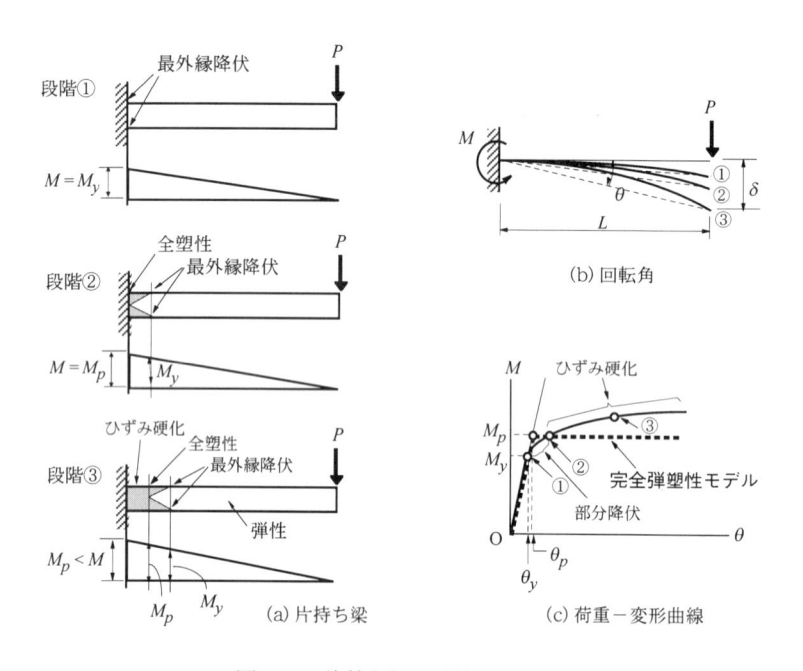

図-6.2　片持ち梁の弾塑性挙動

この完全弾塑性モデルの採用によって、曲げモーメントが全塑性モーメントM_pに達するまでは弾性で、M_pに達したあとはM_pを維持したままいくらでも回転するという簡単な扱いが可能となる。M_pに達して回転する様子は図-6.3(a)のように表せる。降伏した材端部がM_pを維持して塑性回転角を生み、弾性にとどまる一般部は弾性回転角をもたらす。降伏部分はある長さを持っているが、これを材端に局在するものとすると、同図(b)のような機構が描かれる。材端に●印で示したのが塑性ヒンジである。

塑性ヒンジは図-6.4(a)のようにM_pまでは剛で回転せず、M_pに達した瞬間に自由に回転できる**完全剛塑性**の性質を持っている。一方、塑性ヒンジを除いた

6.2 塑性ヒンジ

部分は弾性にとどまるので、同図(b)のように曲げモーメントと回転角の関係は直線で表される。ただし、M_pを超えることはない。この 2 つのグラフの回転角を同じ M について足し合わせると完全弾塑性になる。もちろん、塑性ヒンジそのものを完全弾塑性の回転バネとし、部材を剛と考えてもよい。

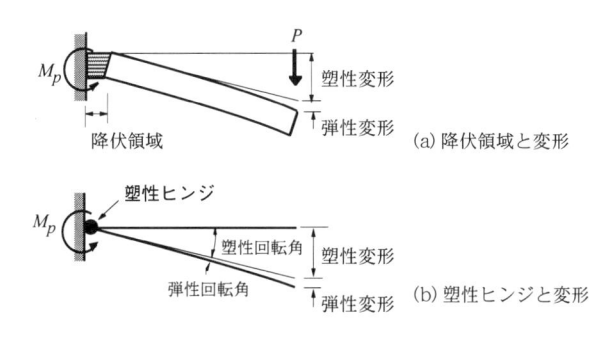

図-6.3 塑性ヒンジのモデル

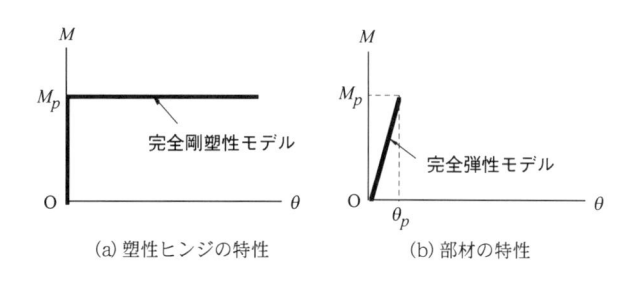

図-6.4 塑性ヒンジと弾性部材の特性

以上のようなモデル化は、片持ち梁だけでなくいろいろな構造に適用することができる。図-6.5にはラーメン構造とトラス構造の例が描かれている。ラーメン構造では最大曲げモーメントが生じる柱の脚部と梁の端部が降伏する場合が描かれている。トラスについては最大引張力が作用する下弦材の中央部材が

降伏する場合が描かれている。軸力材については、降伏すると材軸方向に塑性の伸縮変形をするので、**塑性バー**あるいは**塑性棒** (plastic bar) となる。これを破線で示すことにする。破線で示した軸力部材は降伏軸力 N_y を保ちながらいくらでも伸び縮みできる。

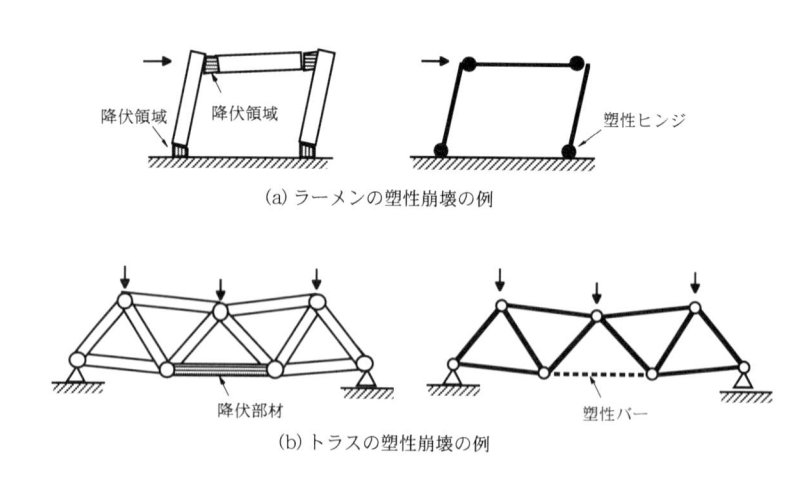

(a) ラーメンの塑性崩壊の例

(b) トラスの塑性崩壊の例

図-6.5　塑性ヒンジまたは塑性バーを用いた崩壊の説明図

6.3　塑性ヒンジ理論による不静定梁の解析

　塑性ヒンジを使った塑性解析の方法を簡単な例で説明しよう。図-6.6に示すのはスパンLの3等分点に集中荷重を受ける梁の例である。梁の支持条件は左端が固定・ローラー支持で、右端が完全固定支持である。この梁は2次の不静定構造である（支点反力の数がA点で2、B点で3、節点力の数は節点がないので0、部材の数は1であることより、不静定次数は（2＋3）＋0－3×1＝2となる）。この不静定梁が崩壊するまでの荷重Pとたわみδの関係は、結果を先に示すと、図-6.7のようになる。それを図-6.8に示すたわみと曲げモーメント分布を見ながら計算してみよう。

6.3 塑性ヒンジ理論による不静定梁の解析

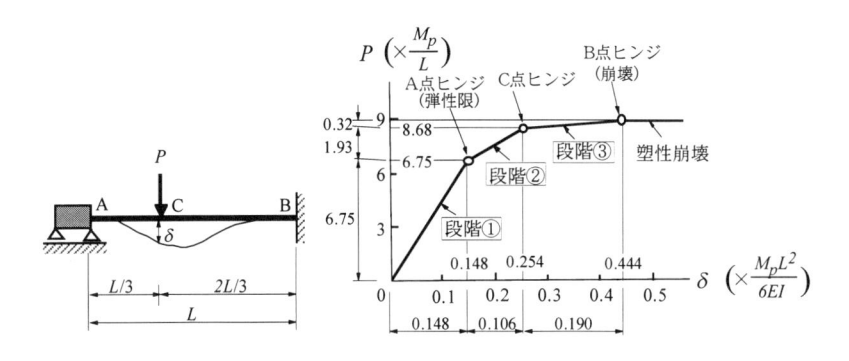

図-6.6 両端固定梁

図-6.7 崩壊までの荷重－変形関係

段階①　$P = 0 \sim P_1$

たわみ $\delta = \dfrac{16}{729} \dfrac{PL^3}{6EI}$

曲げモーメント分布：$\dfrac{4}{27}PL$、$\dfrac{2}{27}PL$、$\dfrac{8}{81}PL$

段階①の限界状態：M_p、$\dfrac{2}{3}M_p$、$\dfrac{1}{2}M_p$

段階②　$\Delta P = 0 \sim \Delta P_2$

たわみ $\Delta\delta = \dfrac{40}{729} \dfrac{\Delta P L^3}{6EI}$

曲げモーメント分布：0、$\dfrac{4}{27}\Delta PL$、$\dfrac{14}{81}\Delta PL$

段階②の限界状態：M_p、M_p、$\dfrac{11}{14}M_p$

段階③　$\Delta P = 0 \sim \Delta P_3$

たわみ $\Delta\delta = \dfrac{16}{27} \dfrac{\Delta P L^3}{6EI}$

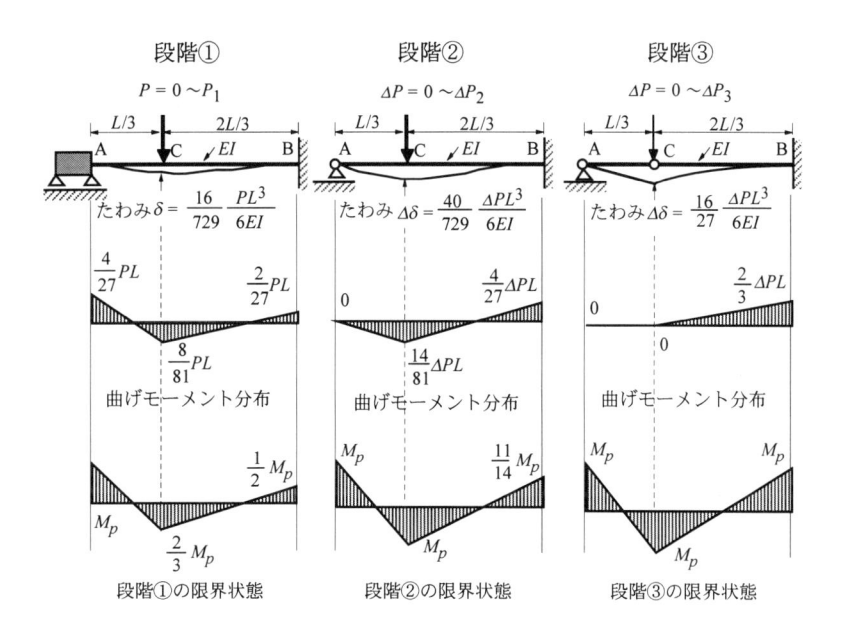

曲げモーメント分布：0、$\dfrac{2}{3}\Delta PL$、0

段階③の限界状態：M_p、M_p、M_p

図-6.8 たわみと曲げモーメントの進行過程

荷重 P が 0 から増えていくとき、初めのうちは弾性であるので、弾性の法則に従って曲げモーメントが分布し、弾性たわみが生じる。これを段階①とする。図-6.8 の左列に示すように、たわみは梁の曲げ剛性を EI とすると弾性解析により次式で与えられる。

$$\delta = \frac{16}{729}\frac{PL^3}{6EI} \tag{6.1}$$

最大曲げモーメントは左端（A点）に生じ、$\frac{4}{27}PL$ であるので、これが全塑性モーメントになった時点で段階①が終わる。このときの荷重を P_1 とすると、

$$\frac{4}{27}P_1 L = M_p \qquad \therefore P_1 = \frac{27}{4}\frac{M_p}{L} = 6.75\frac{M_p}{L} \tag{6.2}$$

となる。このときのたわみ δ_1 は

$$\delta_1 = \frac{16}{729}\frac{P_1 L^3}{6EI} = \frac{16}{729}\frac{27M_p}{4L}\frac{L^3}{6EI} = 0.148\frac{M_p L^2}{6EI} \tag{6.3}$$

である。段階①の終わりは弾性限であり、そのときの曲げモーメントは左端が M_p、荷重点が $M_p \times \frac{8}{81} \times \frac{27}{4} = \frac{2}{3}M_p$、右端が $M_p \times \frac{2}{27} \times \frac{27}{4} = \frac{1}{2}M_p$ となっており、降伏しているのは当然、梁の左端だけである。

次に、荷重が弾性限荷重 P_1 を超えた状態について考えると、左端が既に塑性ヒンジになっているので、**構造系が元の状態とは異なり**、図-6.8 の中列の段階②に示す 1 次不静定になっている。この状態に荷重がさらに ΔP 増加することを考えると、たわみの増加は次式となる。

$$\Delta\delta = \frac{40}{729}\frac{\Delta P \cdot L^3}{6EI} \tag{6.4}$$

曲げモーメントの増加は、左端では起こらず、荷重点では $\frac{14}{81}\Delta P \cdot L$、右端では $\frac{4}{27}\Delta P \cdot L$ である。これを段階①の終点での曲げモーメントに加えると、荷重点での曲げモーメントのほうが右端より大きい。したがって、次に降伏するのは荷重点（C点）であることがわかる。したがって、段階②はC点の曲げモーメントが M_p になったところで終わる。このときの荷重の増分を ΔP_2 とすると、

$$\frac{2}{3}M_p + \frac{14}{81}\Delta P_2 \cdot L = M_p \qquad \therefore \Delta P_2 = \frac{27}{14}\frac{M_p}{L} = 1.93\frac{M_p}{L} \tag{6.5}$$

となる。このとき、右端（B点）の曲げモーメントは、

$$\frac{1}{2}M_p + \frac{4}{27}\frac{27}{14}\frac{M_p}{L} \cdot L = \frac{11}{14}M_p \tag{6.6}$$

である。また、たわみの増分は

$$\Delta\delta_2 = \frac{40}{729}\frac{27}{14}\frac{M_p}{L}\frac{L^3}{6EI} = \frac{20}{189}\frac{M_p L^2}{6EI} = 0.106\frac{M_p L^2}{6EI} \tag{6.7}$$

となる。したがって、段階②の終点における荷重 P_2 とたわみ δ_2 は

$$P_2 = P_1 + \Delta P_2 = 6.75\frac{M_p}{L} + 1.93\frac{M_p}{L} = 8.68\frac{M_p}{L} \tag{6.8}$$

$$\delta_2 = \delta_1 + \Delta\delta_2 = 0.148\frac{M_p L^2}{6EI} + 0.106\frac{M_p L^2}{6EI} = 0.254\frac{M_p L^2}{6EI} \tag{6.9}$$

である。

段階②の限界では左端と荷重点に塑性ヒンジができるので、構造物は静定となる。まだ不安定ではないので、さらに荷重を増加させることができる。それを段階③とすると、増加する曲げモーメント分布が図-6.8の右列のようになる。最終的に右端の曲げモーメントが M_p に達したとき、構造は不安定となり崩壊する。これを**崩壊機構** (collapse mechanism) が形成されたという。そのときの荷重の増分を ΔP_3 とすると、

$$\frac{11}{14}M_p + \frac{2}{3}\Delta P_3 \cdot L = M_p \qquad \therefore \Delta P_3 = \frac{3}{14}\frac{3}{2}\frac{M_p}{L} = \frac{9}{28}\frac{M_p}{L} = 0.32\frac{M_p}{L} \tag{6.10}$$

となり、たわみの増分は、

$$\Delta\delta_3 = \frac{16}{27}\frac{9}{28}\frac{M_p}{L}\frac{L^3}{6EI} = \frac{4}{21}\frac{M_p L^2}{6EI} = 0.190\frac{M_p L^2}{6EI} \tag{6.11}$$

である。したがって、段階③の限界すなわち崩壊が始まるときの荷重とたわみは、

$$P_3 = P_2 + \Delta P_3 = 8.68\frac{M_p}{L} + 0.32\frac{M_p}{L} = 9.00\frac{M_p}{L} \tag{6.12}$$

$$\delta_3 = \delta_2 + \Delta\delta_3 = 0.254\frac{M_p L^2}{6EI} + 0.190\frac{M_p L^2}{6EI} = 0.444\frac{M_p L^2}{6EI} \tag{6.13}$$

となる。

以上の計算で得られた段階①〜③の荷重とたわみの関係をグラフで表したのが既に示した図-6.7である。これが塑性ヒンジを用いて計算される荷重－変形

カーブである。この例は不静定次数が低いので、手計算でもそれほど苦労なく崩壊過程が計算できた。不静定次数がもっと高い建築構造物になると、手計算では手に負えないのでコンピュータを用いることになるが、手順は上と同じである。

演習問題

6.1）本文で計算したように、両端固定梁の中間の1点に集中荷重が作用して梁が崩壊するとき、梁には両端と荷重の作用点の3ケ所に塑性ヒンジが形成される。モーメントの釣合いから崩壊荷重 P_u を求めよ。ただし、梁の全塑性モーメントを M_p とする。$\alpha = 1/3$ のときの解が、本文で求めた崩壊荷重 $P_u = 9\dfrac{M_p}{L}$ に一致することを確認せよ。

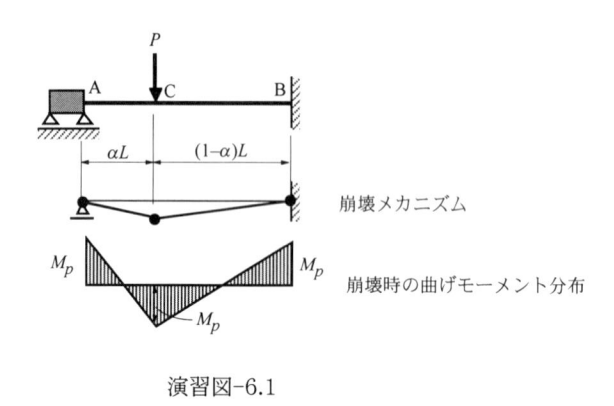

演習図-6.1

6.2）次の3種類のサイズのH形鋼がある。これを上の問題6.1)の梁に使用したときの崩壊荷重 P_u(kN)を求めよ。ただし、$\alpha = \dfrac{1}{2}$, $L = 6$m とし、材料の降伏応力度を $\sigma_y = 325$N/mm^2 とする。各サイズのH形鋼の強軸まわりの塑性断面係数 Z_p は下に示す通りである。

演習問題

(1)　H−300×150×6.5×9　　$Z_p = 542 \text{cm}^3$

(2)　H−588×300×12×20　　$Z_p = 4,350 \text{cm}^3$

(3)　H−900×300×16×28　　$Z_p = 10,300 \text{cm}^3$

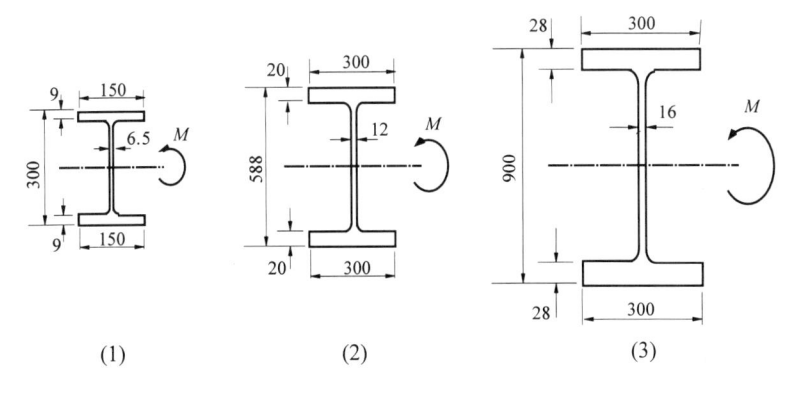

演習図-6.2

6.3）図に示す静定トラスの崩壊荷重P_uを求めよ。部材の降伏軸力はいずれもN_yとする。座屈は考えなくてよいものとする。

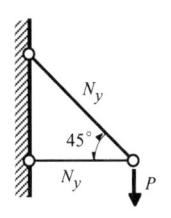

演習図-6.3

6.4）下図に示すように、ピン接合された骨組ABCDは不安定であるので、筋かいを入れることによって安定させる。骨組のスパンは$2l$、高さはlである。筋かいのヤング係数をE、降伏強さをσ_y、断面積をA、断面2次モーメ

ントを I とする。次の問に答えよ。

(1) 図(a)の場合、筋かいACが引張降伏するときの水平荷重 P_1 はいくらか。

(2) 図(b)の場合、筋かいACが弾性座屈するときの水平荷重 P_2 はいくらか。

(3) 図(c)の場合、どのような崩壊機構でこの構造物が崩壊するか図示し、そのときの荷重 P_3 を求めよ。ただし、梁BCの全塑性モーメントは、軸力の影響を考慮しなくてよいものとし、$M_p = \dfrac{1}{4}\sigma_y A l$ とする。

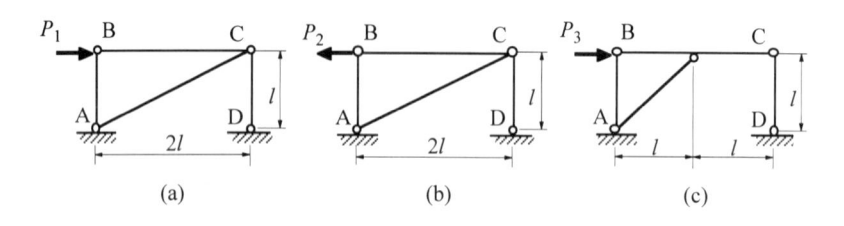

演習図-6.4

6.5) 下図（a）に示す傾いた門形ラーメン（傾き角 α）の崩壊荷重を P_u としたとき、（b）に示す整形な門形ラーメンの崩壊荷重 Q_u を P_u で表せ。ただし、門形ラーメン（a）と（b）は同じ強度の部材で構成されているものとし、全塑性モーメントは軸力の影響を受けないものとする。

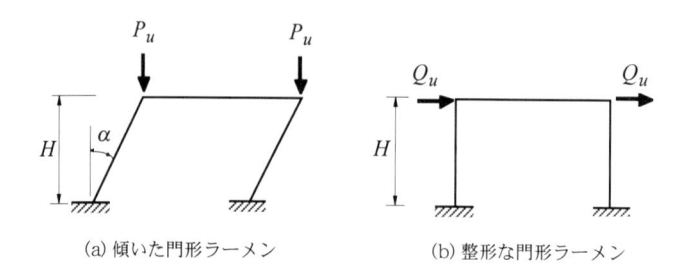

(a) 傾いた門形ラーメン　　(b) 整形な門形ラーメン

演習図-6.5

6.6) 図に示す1辺の長さが a の正方形をした枠を一つの対角線方向に引張った。塑性崩壊するときの曲げモーメント分布図を描き、崩壊荷重 P_u を求めよ。枠材の全塑性モーメントは M_p とし、軸力の影響は考えなくてよいものとする。

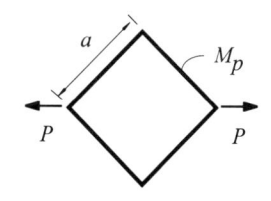

演習図-6.6

第7章

仮想仕事法と上界定理

7.1 仮想仕事法

　構造物の塑性崩壊荷重を計算する方法にグリーンバーグとプラガーが考案した**仮想仕事法** (method of virtual work) と呼ばれる方法がある（H. J. Greenberg & W. Prager, 1951年）。これは、**仮想仕事の原理** (principle of virtual work) に基づく方法である。弾性学で学んだように、仮想仕事の原理は次のようにいい表わされる原理である（拙著『建築の力学－弾性論とその応用』第12章参照）。

　　　「外力を受けて変位の適合状態にある構造系が釣合っているならば、その状態から任意の微小な仮想変位 u または仮想回転角 θ を与えたとき、外力がする仮想仕事 W と内力がする仮想仕事 U は等しい。また、その逆も成り立つ。」

　この原理は構造系が弾性であろうが塑性であろうが成立する原理であるので、塑性崩壊する構造物にも適用することができる。仮想仕事の原理を図-7.1に示す3つの簡単な構造物に適用して、崩壊荷重 P_u を求めてみよう。

　先ず、図(a)の片持ち梁について考えてみる。梁の断面が一様とすると、先端に作用する集中荷重 P が崩壊荷重 P_u に達したとき、最大曲げモーメントが生じる固定端Aに塑性ヒンジが形成される。片持ち梁は静定構造であるので、固定端に塑性ヒンジができれば不安定構造となり崩壊する。このとき、固定端には内力として全塑性モーメント M_p が働く。塑性ヒンジに連なる梁の部分は弾性

状態であるので、弾性の応力とひずみが生じ、弾性たわみABが起きている。この状態で固定端に仮想回転角θを与えると、梁はAB'に回転移動する。θは微小であるので、$\tan\theta = \theta$より先端の仮想変位uは$l\theta$となる。

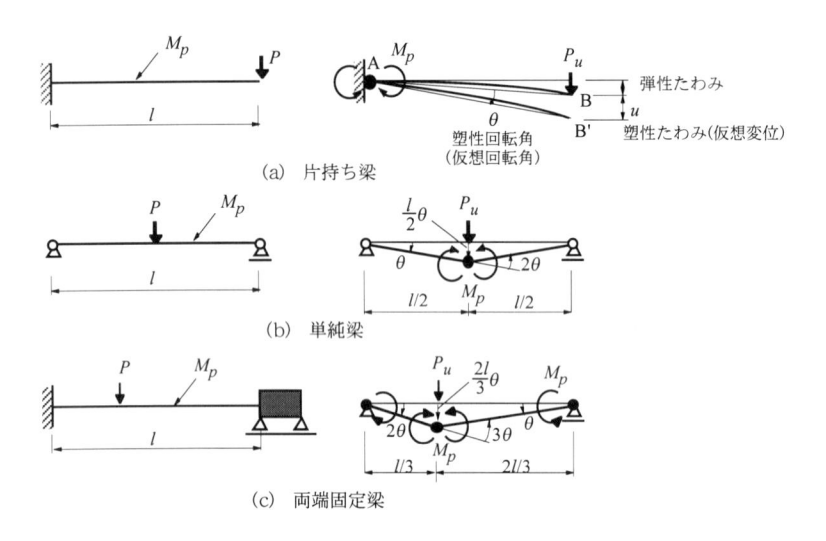

(a) 片持ち梁

(b) 単純梁

(c) 両端固定梁

図-7.1 簡単な構造物の塑性崩壊

したがって、外力のする仮想仕事（以下、**外力仕事** (external work) と略す）は、

$$W = P_u u = P_u l\theta \tag{7.1}$$

となる。この場合、外力P_uと仮想変位uの向きが同じであるので、外力仕事は正の値となる。

一方、塑性ヒンジに生じる仮想回転角θによって内力M_pがする仮想仕事（以下、**内力仕事** (internal work) と略す）は、

$$U = M_p \theta \tag{7.2}$$

となる。この場合も、内力M_pと仮想回転角θの向きが同じであるので、内力仕事は正の値となる。

7.1 仮想仕事法

　ここで、注意しなければならないのは、弾性状態にある梁の部分は単に剛体回転するだけであるので、この部分には仮想仕事が生じないことである。塑性崩壊が始まると、応力再配分が起こらず、弾性の応力とひずみの状態は一定のままであるためである。したがって、弾性変形は崩壊荷重には無関係であるので、塑性ヒンジ以外の部分は剛体と考えて塑性解析を行うことができる。

　仮想仕事の原理により $W = U$ とおき、これに上式を代入すると、崩壊荷重が次のように求められる。

$$P_u l \theta = M_p \theta \qquad \therefore P_u = \frac{M_p}{l} \qquad (7.3)$$

同様にして、図(b)の単純梁の崩壊荷重を計算すると次のようになる。上で見たように、弾性変形は塑性崩壊に無関係であるので、図には梁を剛な棒として崩壊機構が描かれている。単純梁も静定構造であるので、曲げモーメントが最大となる荷重点に塑性ヒンジが形成されると崩壊する。このとき、材端に仮想回転角 θ を与えると、中央の塑性ヒンジの仮想回転角は 2θ となる。外力仕事は $W = P_u \frac{l}{2} \theta$、内力仕事は $U = M_p 2\theta$ となるので、$W = U$ より、崩壊荷重が次のように求まる。

$$P_u \frac{l}{2} \theta = 2 M_p \theta \qquad \therefore P_u = 4 \frac{M_p}{l} \qquad (7.4)$$

図(c)の両端固定梁は2次の不静定構造であるので、塑性ヒンジが3箇所形成されると崩壊する。曲げモーメントが最大となるのは、両端と荷重点であるので、そこに塑性ヒンジが形成される。右端の塑性ヒンジに仮想回転角 θ を与えると、左端の塑性ヒンジには 2θ、荷重点には 3θ の仮想回転角が生じることが幾何学的関係から明らかである。荷重点の仮想変位は $\frac{2l}{3}\theta$ である。外力仕事は $W = P_u \frac{2l}{3} \theta$、内力仕事は $U = M_p (\theta + 2\theta + 3\theta) = 6 M_p \theta$ であるので、$W = U$ より、崩壊荷重が次のように求まる。

$$P_u \frac{2l}{3} \theta = 6 M_p \theta \qquad \therefore P_u = 9 \frac{M_p}{l} \qquad (7.5)$$

7.2 上界定理

上の例では、塑性崩壊が起こるとき、塑性ヒンジがどこに形成されるかを容易に特定することができた。しかしながら、一般にはそういうわけにはいかない。そのときには、上界定理と呼ばれる定理が重要な役割を果たす。

先ず、図-7.2に示す例題を解いてみよう。これは両端固定梁を3等分した2箇所に集中荷重Pと$2P$が作用する場合で、梁の全塑性モーメントはM_pとする。この梁は2次の不静定構造であるので、塑性ヒンジが3箇所形成されれば崩壊する。その可能性のある場所は曲げモーメントが最大値を取りうる両端A,Bと荷重点C,Dの4箇所である。

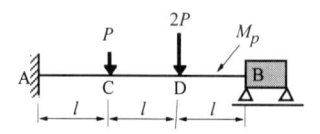

図-7.2 可能な崩壊機構が複数考えられる構造物の例

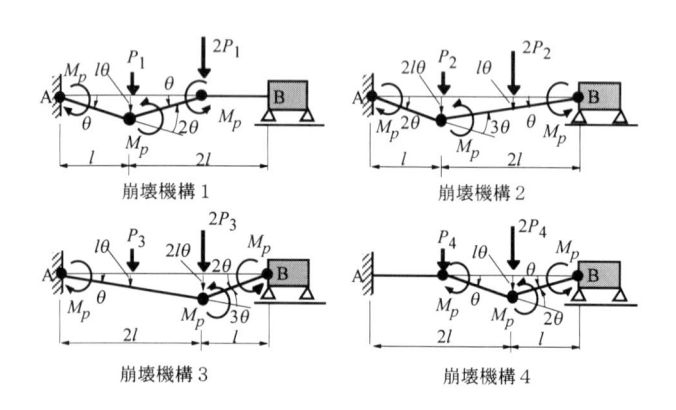

図-7.3 可能な崩壊機構

したがって、可能な崩壊機構として図-7.3に示す4種類が考えられる。それぞれについて、仮想仕事法を適用して崩壊荷重を求めてみよう。

崩壊機構1については、

$\quad$ 外力仕事：$W_1 = P_1 \cdot l\theta$

$\quad$ 内力仕事：$U_1 = M_p\theta + M_p 2\theta + M_p\theta = 4M_p\theta$

$\quad W_1 = U_1$ より、

$\quad$ 崩壊荷重：$P_1 = 4\dfrac{M_p}{l}$

崩壊機構2については、

$\quad$ 外力仕事：$W_2 = P_2 \cdot 2l\theta + 2P_2 \cdot l\theta = 4P_2 l\theta$

$\quad$ 内力仕事：$U_2 = M_p 2\theta + M_p 3\theta + M_p\theta = 6M_p\theta$

$\quad W_2 = U_2$ より、

$\quad$ 崩壊荷重：$P_2 = 1.5\dfrac{M_p}{l}$

崩壊機構3については、

$\quad$ 外力仕事：$W_3 = P_3 \cdot l\theta + 2P_3 \cdot 2l\theta = 5P_3 l\theta$

$\quad$ 内力仕事：$U_3 = M_p\theta + M_p 3\theta + M_p 2\theta = 6M_p\theta$

$\quad W_3 = U_3$ より、

$\quad$ 崩壊荷重：$P_3 = 1.2\dfrac{M_p}{l}$

崩壊機構4については、

$\quad$ 外力仕事：$W_4 = 2P_4 \cdot l\theta$

$\quad$ 内力仕事：$U_4 = M_p\theta + M_p 2\theta + M_p\theta = 4M_p\theta$

$\quad W_4 = U_4$ より、

$\quad$ 崩壊荷重：$P_4 = 2\dfrac{M_p}{l}$

さて、以上4つの崩壊機構のうち、どの崩壊が起こるであろうか。いい換えれば、いずれの崩壊機構が**真の崩壊荷重** (true failure load) を与える**真の崩壊**

機構 (true failure mechanism) であろうか。荷重が0から増加していくと、最初に到達するのは、もっとも小さい崩壊荷重を与える崩壊機構3である。したがって、崩壊機構3が生じ、それ以外の崩壊機構は起こらないことは明らかである。

これを塑性解析における**上界定理** (upper bound theorem) といい、外力仕事が正となる崩壊機構のみを対象として、次のようにいい表される。

「仮定した崩壊機構から得られる崩壊荷重は真の崩壊荷重より大きいかまたは等しい。」

上の例では、$P_1, P_2, P_3, P_4 \geq P_{\text{true}}$ ということになる。P_{true} は真の崩壊荷重である。後述の解の唯一性とあわせると、次のようにもいい換えることができる。

「すべての可能な崩壊機構のうち最小の崩壊荷重を与える機構が真の崩壊機構であり、その崩壊荷重が真の崩壊荷重となる。」

上の例では、すべての崩壊荷重が網羅されているので、最小の崩壊荷重を与える崩壊機構3が真の崩壊機構で、その崩壊荷重 $P_3 = 1.2 \dfrac{M_p}{l}$ が真の崩壊荷重であることになる。

崩壊機構のうち、意味のあるのは外力仕事が正となる場合である。外力仕事が正となる崩壊機構のことを**運動的許容状態** (kinematically admissible state) ともいい、これを用いると上界定理は次のようにもいい表わされる。

「運動的許容状態で釣合っている荷重は、真の崩壊荷重を下回ることはなく、崩壊荷重の上界である。」

上界定理は上の例題の説明から当然成り立つものとして理解できるであろうが、一応証明しておこう。

構造物に作用する荷重群を $p_1, p_2, \cdots, p_m$ とする。これにある正の係数（荷重係数）$\bar{s}$ を乗じた $\bar{s}p_1, \bar{s}p_2, \cdots, \bar{s}p_m$ によって構造物がある運動的許容状態になったとする。そのとき構造物の位置 $1, 2, \cdots, n$ に塑性ヒンジが生じているとすると、仮想仕事の原理により、

$$\bar{s} \cdot \sum_{i=1}^{m} p_i u_i = \sum_{j=1}^{n} M_{pj} \theta_j \tag{7.6}$$

となる。ここで、u_i は p_i が作用する位置における p_i の方向の仮想変位、θ_j は位置 j における仮想回転角で、M_{pj} は位置 j における断面の全塑性モーメントである。塑性ヒンジでは曲げモーメントと回転角が同じ向きになるので、両者は同符号で $M_{pj}\theta_j$ は正値をとる。そこで、M_{pj} と θ_j をともに正値として扱うことにする。また、運動的許容状態では外力仕事が正値となる場合を扱うので、上式左辺の $\sum_{i=1}^{m} p_i u_i$ は正値である。

次に、真の崩壊機構をもたらす荷重係数が s であるとする。真の崩壊機構に上と同じ仮想変位と仮想回転角を与えると、やはり仮想仕事の原理により、

$$s \cdot \sum_{i=1}^{m} p_i u_i = \sum_{j=1}^{n} M_j \theta_j \tag{7.7}$$

が成り立つ。なお、真の崩壊機構において、位置 $1,2,\cdots,n$ 以外に塑性ヒンジが生じたとしてもそこでの仮想回転角は 0 に設定してあると考えればよく、また位置 $1,2,\cdots,n$ のいずれかで塑性ヒンジが形成されず弾性状態であったとしても仮想仕事式が成り立つ。上式の M_j は位置 j の断面に生じている真の曲げモーメントで、その値は次の範囲にある。

$$-M_{pj} \leq M_j \leq M_{pj} \tag{7.8}$$

(7.6)式から(7.7)式を引くと、

$$(\bar{s} - s) \cdot \sum_{i=1}^{m} p_i u_i = \sum_{j=1}^{n} (M_{pj} - M_j)\theta_j \tag{7.9}$$

となる。上式の右辺は(7.8)式の制約から負にはならないので、結局、

$$\bar{s} \geq s \tag{7.10}$$

が導かれ、上界定理が証明されたことになる。

7.3 塑性崩壊の3条件

真の崩壊機構とそうでない偽りの崩壊機構にはどのような違いが存在するの

であろうか。上の例題の崩壊機構1〜4の曲げモーメント分布図を描いてみると図-7.4のようになる。曲げモーメントの値は、力の釣合いとモーメントの釣合いから簡単に計算することができる。

先ず、図(a)の崩壊機構1が生じたときの曲げモーメント分布をみると、右端Bの曲げモーメントが$11M_p$となっており、梁の全塑性モーメントM_pを超えてしまっていることがわかる。これは与えられた条件に違反している。図(b),(d)の崩壊機構2と4についても同様の事態が起こっており、これらの崩壊機構は偽りであることがわかる。図(c)の崩壊機構3についてのみ、曲げモーメントはいずれの位置においてもM_pを超えていない。

このように曲げモーメントがいずれの位置においても当該断面の全塑性モーメントを超えていないことを**塑性条件**（yield condition）が満たされているという。真の崩壊機構では塑性条件が満たされているが、偽りの崩壊機構では塑性条件が満たされていない。

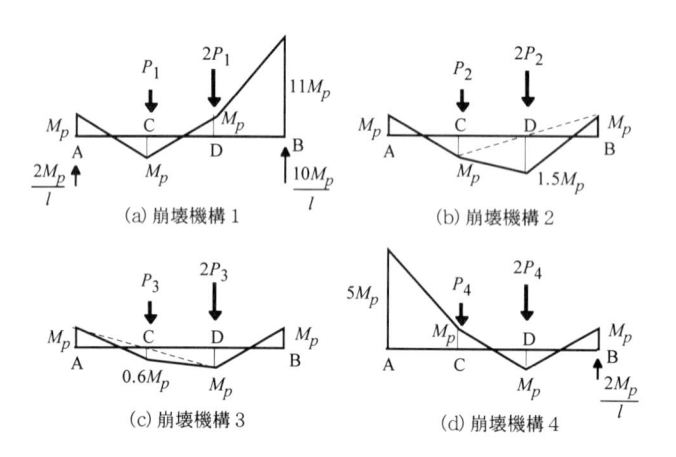

図-7.4　崩壊機構の曲げモーメント分布

上界定理によると、仮想仕事法で計算される崩壊荷重は、仮定した崩壊機構が真でなければ、真の崩壊荷重を過大評価することになる。したがって、仮想

7.3 塑性崩壊の3条件

仕事法を用いた塑性設計は危険側となることがある。これを防止するためには、仮定した崩壊機構が塑性条件を満たしていることを確認することが大切である。

構造物が塑性崩壊するとき、次の3条件をすべて満たすときに真の崩壊機構および真の崩壊荷重が得られる。これを塑性崩壊の3条件という。

（1）**釣合い条件** (equilibrium condition)：曲げモーメントは崩壊荷重と釣合っている。

（2）**機構条件** (mechanism condition)：構造物が運動を起こすに十分な数の塑性ヒンジが形成されている。

（3）**塑性条件** (yield condition)：曲げモーメントはいかなる位置においても当該断面の全塑性モーメントを超えない。

仮想仕事法による塑性解析は上の条件の(1)と(2)を満たすように計算が行われるので、上界定理が教えるように、必ずしも正しい解が得られず、真の崩壊荷重以上の解が得られる。(3)の塑性条件が満たされるときに、はじめて仮定した崩壊機構が真の崩壊機構に一致し、真の崩壊荷重が得られる。

塑性解析のもう一つの方法に、上の条件の(1)と(3)を満たすように計算を行うモーメント分配法と呼ばれる方法がある。モーメント分配法で得られる崩壊荷重は、仮想仕事法とは逆に、真の崩壊荷重以下になる。これを塑性解析における下界定理という。すなわち、上記の3条件をすべて満たせば、上界定理と下界定理で挟み撃ちすることになるので、真の崩壊荷重が得られることになる。これを解の**唯一性** (uniqueness) という。下界定理に関しては次の章で説明することにする。

ここで、**塑性解析**と**弾性解析**の違いに触れておこう。曲げモーメントで外力に抵抗する不静定構造物を弾性解析して正しい解を得るためには、(1) 釣合い条件：曲げモーメントは荷重と釣合っていること、(2) 変形の適合条件：たわみ曲線はなめらかであること、(3) 降伏条件：曲げモーメントはいかなる位置においても当該断面の降伏モーメントを超えないこと、をすべて満たさなけ

ればならない。このうち、(1)と(3)の条件は塑性解析の条件(1)と(3)と共通している。しかし、(2)の変形の適合条件は、塑性解析では課せられていない。なぜならば、塑性ヒンジではたわみ角が急変し、たわみ曲線の微分が連続しないからである。不静定構造物の弾性設計において降伏荷重を求めるときには変形計算を必要とするが、塑性設計において崩壊荷重を求めるときには変形の計算を必要としない。このことを考えると、塑性設計のほうが弾性設計よりも設計に必要な構造解析が容易であるといえる。

7.4 ラーメンの崩壊荷重

仮想仕事法によって崩壊荷重を求めるとき、真の崩壊機構を見落とさないように注意する必要がある。そのとき、ニールとシモンズが考案した**崩壊機構の組合せ法** (method of combined mechanisms) が参考になる (B. G. Neal & P. S. Symonds, 1952年)。図-7.5(a)に示すラーメン骨組を用いてその原理を説明しよう。

(a) 1層1スパンラーメン

(b) 鉛直荷重による曲げモーメント分布と危険点

(c) 水平荷重による曲げモーメント分布と危険点

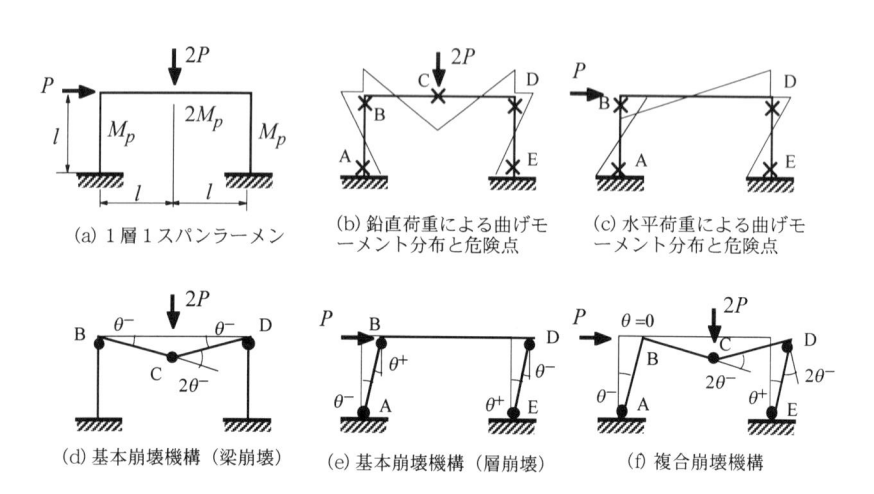

(d) 基本崩壊機構（梁崩壊）

(e) 基本崩壊機構（層崩壊）

(f) 複合崩壊機構

図-7.5　ラーメンの崩壊機構

7.4 ラーメンの崩壊荷重

先ず、塑性ヒンジが形成される可能性のある場所をすべて拾い出してみよう。そのためには、鉛直荷重$2P$と水平荷重Pによる曲げモーメント図を描いてみるとよい。このとき、曲げモーメントの値はわからなくてよい。鉛直荷重$2P$による曲げモーメント分布図(b)によると、左右の柱の上下端と梁の中央点で曲げモーメントがピークとなるので、×印で示したA, B, C, D, Eに塑性ヒンジが形成される可能性があることがわかる。これを**危険点** (potential hinge position) という。この例で注意しなければならないのでは、梁の全塑性モーメントが柱より大きいので梁端には塑性ヒンジが形成されず、梁端は危険点にはならないということである。なぜなら、節点の釣合い条件から、梁端と柱上端の曲げモーメントは等しいため、弱い側にのみ塑性ヒンジが形成されるからである。同様に、水平荷重Pによる曲げモーメント分布図(c)より、A, B, D, Eが危険点になることがわかる。よって、鉛直荷重と水平荷重の組合せによる危険点はA, B, C, D, Eの5ケ所である。

この5ケ所の危険点からいくつかを選んで、そこを塑性ヒンジとしたとき運動的許容状態となる崩壊機構を探し出せばよいわけである。しかし、そのような網羅的試行をするまでもなく、図(d)と(e)の崩壊機構を先ず直感するであろう。図(d)は鉛直荷重によって梁が局所的に崩壊する機構で柱には倒れが生じない。これを**梁崩壊機構** (beam mechanism) という。一方、図(e)は水平荷重によって柱が倒れて層が崩壊する機構である。これを**層崩壊機構** (sway mechanism) という。両図に示す仮想回転角には符号が付けてあり、ヒンジの回転によって角度が広がる場合を＋、狭まる場合を－としてある。5つの危険点はすべて図(d)または図(e)に含まれている。さて、図(d)の梁崩壊機構と図(e)の層崩壊機構を**基本崩壊機構** (elementary mechanisms) と考え、それを組合せると、図(f)に示す新しい崩壊機構を描かれる。これを**複合崩壊機構** (combined mechanism) という。B点では仮想回転角が0となり、D点では2θとなる。図(d), (e), (f)のそれぞれについて仮想仕事式を作って崩壊荷重を求めると表-7.1のようになる。

表-7.1　崩壊機構の組合せ

崩壊機構	内力仕事　　A　B　C　D	外力仕事　E	崩壊荷重
(d)	$0 + M_p\theta^- + 2M_p2\theta^- + M_p\theta^- + 0$	$= 2Pl\theta$	$\rightarrow \quad P = 3\dfrac{M_p}{l}$
(e)	$M_p\theta^- + M_p\theta^+ + 0 + M_p\theta^- + M_p\theta^+$	$= Pl\theta$	$\rightarrow \quad P = 4\dfrac{M_p}{l}$
(f)=(d)+(e)	$M_p\theta^- + 0 + 2M_p2\theta^- + M_p\theta^- + M_p\theta^+$	$= 3Pl\theta$	$\rightarrow \quad P = \dfrac{8}{3}\dfrac{M_p}{l}$

　以上のように、基本となる崩壊機構（この場合(d)と(e)）を組合せて複合機構（この場合(f)）を作り、それにあわせて仮想仕事式を足し合わせることによって複合機構の崩壊荷重を求める方法が崩壊機構の組合せ法である。この例では、複合機構の崩壊荷重が最小となるので、これが真の崩壊荷重と思われるが、念のため、崩壊時の曲げモーメント分布を調べると図-7.6のようになる。A, C, D, E点は塑性ヒンジとなっているので、そこでの曲げモーメントは全塑性モーメントと等しい。残りのB点の曲げモーメントは水平方向あるいは鉛直方向の力の釣合いから簡単に求めることができる。例えば、水平方向の力の釣合いは、

$$\frac{M_A + M_B}{l} + \frac{M_D + M_E}{l} = \frac{8}{3}\frac{M_p}{l}$$

であり、$M_A = M_D = M_E = M_p$ を代入すると、$M_B = -\dfrac{1}{3}M_p$ を得る。もちろん、鉛直方向の力の釣合い

$$\frac{M_B + M_C}{l} + \frac{M_C + M_D}{l} = \frac{16}{3}\frac{M_p}{l}$$

からも同じ結果が得られる。図-7.6より、すべての位置で塑性条件が満たされているので（曲げモーメントが全塑性モーメントを超えないので）、図(f)の複合機構が真の崩壊機能であることが確認される。

　ここでは、ごく簡単な例を用いたので2つの基本機構から作られる複合機構は1つだけである。層の数が増えると可能な崩壊機構の数が増えるので仮想仕事法の適用は困難となる。その場合には、次章で述べるモーメント分配法が有

効である。

$$2P = \frac{16}{3}\frac{M_p}{l}$$

$$P = \frac{8}{3}\frac{M_p}{l}$$

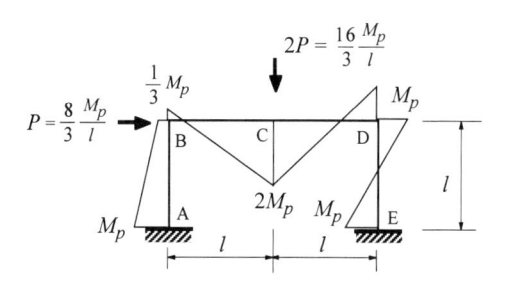

図-7.6　真の崩壊機構(f)の曲げモーメント分布

7.5　筋かい付きラーメンの崩壊荷重

　ラーメンに筋かいを挿入すると水平荷重に対して耐力を増すことができ、地震力や風圧力に対して有効である。そこで、図-7.7(a)に示す筋かい付きラーメンの崩壊荷重を計算して、筋かいの効果を調べてみよう。図中の鉛直荷重P_oは常時作用している固定荷重と積載荷重によるものであるので一定値と考え、ここでは$P_o = \dfrac{5M_p}{l}$とする。水平荷重Qは想定する地震や台風の再現期間に依存するので、その大きさが変化するものと考え、骨組が耐えられるQの最大値を求めることをここでの課題とする。

　先ず、常時作用するP_oによって崩壊してはいけないので、図(b)を用いてそれを確認すると、

　　　　　内力仕事：$U = 4M_p\theta$

　　　　　外力仕事：$W = P_o\dfrac{l}{2}\theta = \dfrac{5M_p}{l}\dfrac{l}{2}\theta = 2.5M_p\theta$

となり、$U > W$であるので、鉛直荷重P_oによって崩壊することはない。

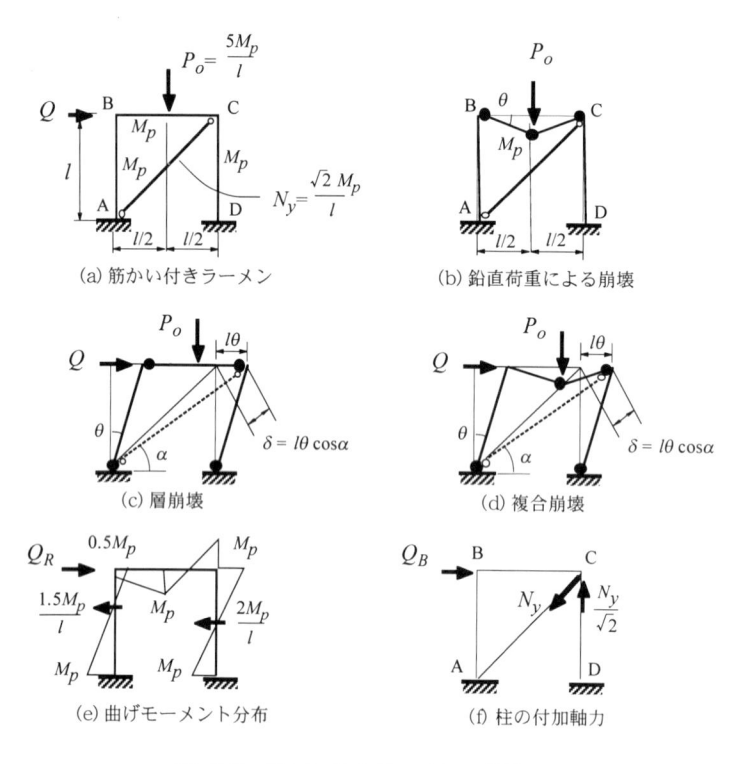

図-7.7 筋かい付きラーメンの崩壊

表-7.2 筋かい付きラーメンの崩壊荷重

崩壊機構	内力仕事 ラーメン＋筋かい	外力仕事	崩壊荷重
(c)	$4M_p\theta + N_y\delta$	$Ql\theta$	$Q = 5\dfrac{M_p}{l}$
(d)	$6M_p\theta + N_y\delta$	$Ql\theta + P_o\dfrac{l}{2}\theta$	$Q = 4.5\dfrac{M_p}{l}$

(注記) $N_y = \dfrac{\sqrt{2}M_p}{l}$, $P_o = \dfrac{5M_p}{l}$, $\delta = \dfrac{l\theta}{\sqrt{2}}$

次に，水平力による崩壊荷重を計算する．図(c), (d)の2つの崩壊機構が考えられる．柱の仮想回転角θに伴う筋かいの仮想伸びは$\delta = l\theta\cos\alpha$である（ここ

7.5 筋かい付きラーメンの崩壊荷重

では $\alpha = 45°$)。筋かいの降伏軸力 N_y を $N_y = \dfrac{\sqrt{2}M_p}{l}$ とする。(c), (d)それぞれについて、仮想仕事法により表-7.2のように崩壊荷重が得られる。

以上の結果を比較すると、(d)のほうが小さい崩壊荷重を与えるので、(d)が真の崩壊機構と考えられる。そこで、(d)の曲げモーメント分布を描くと図(e)のようになっており、どの部位においても塑性条件が満たされているので、(d)がやはり真の崩壊機構であることが確認できる。

ここで、2点注意しておくことがある。一つは、図(f)に示すように、筋かいの引張軸力 N_y によって、柱CDには圧縮軸力 $N_y/\sqrt{2}$ が付加されることである。これによって柱の全塑性モーメントが低下することがあるので、その場合には5.2節で学んだ軸力の影響を受ける全塑性モーメント M_{pc} を柱に用いる必要がある。もう一つは、地震水平力や風圧力は向きが逆転するため、水平力の向きによらず筋かいが耐力を発揮できるようにしておくことである。図(a)でQが逆向きになると筋かいは圧縮となるので、通常の細長比の筋かいではオイラー座屈してしまう。これに対処するためには、図のBDにも筋かいを入れておき、引張筋かいだけが有効に働くと考えて設計することが多い。もちろん、オイラー座屈した後の耐力を用いて圧縮筋かいの寄与を考慮した設計も可能である。

さて、水平力に対する筋かい付きラーメンの終局耐力はラーメンと筋かいの和となっていることが上の計算過程から明らかである。この例では、ラーメンの分担が $Q_R = \dfrac{3.5M_p}{l}$、筋かいの分担が $Q_B = \dfrac{M_p}{l}$ で、両者の和がこの骨組の水平崩壊荷重となっている。水平耐力のうち筋かいが分担する割合を**筋かいの水平力分担率**といい、耐震設計では重要な指標となる。この例では、

$$\text{筋かいの水平力分担率：} \beta = \frac{Q_B}{Q_R + Q_B} = \frac{M_p/l}{4.5M_p/l} = 0.222 \tag{7.11}$$

である。

7.6 崩壊曲面

　構造物に複数の荷重が作用するとき、その荷重間に、今までは、ある特定の関係（比例関係あるいは一つが一定でもう一つが漸増するなどの関係）があるとして、塑性解析を行った。その場合には、真の崩壊機構と崩壊荷重が一つに定まった。ところが、荷重間にそのような特定の関係が定まっていない場合には、崩壊機構と崩壊荷重も一つには定まらない。そのような場合の取扱いについて、図-7.8の例題で説明しよう。

　同図(a)の**切妻型骨組（ゲーブルフレーム (gable frame)）**に作用する水平荷重 H と鉛直荷重 V にはその大きさの比が定まっていないものとする。すべての部材の全塑性モーメントを M_p とする。このゲーブルフレームは不静定次数が3であるので、5ケ所の危険点A, B, C, D, Eのうち4ケ所に塑性ヒンジが形成されると崩壊する。このことから、可能な崩壊機構は図(b)～(h)の7つである。

　それぞれの崩壊機構について仮想仕事式をたてて、崩壊荷重を計算すると次のようになる。

崩壊機構1： $V \cdot l\theta = M_p(\theta + 2\theta + 2\theta + \theta)$ 　　　　$\therefore V = 6\dfrac{M_p}{l}$

　　ゲーブルフレームの仮想回転角・仮想変位は回転中心がわかれば容易に導かれる。崩壊機構1（図(b)）の場合、BCとEDの延長線が交差する点 I_{CD} がCDの回転中心となる。CDの剛体回転角を θ とすると、幾何学的関係から他の部分の回転角 ϕ, γ が定まる。この場合、$\phi = \gamma = \theta$ である。C点の鉛直変位はBCの水平投影長さ l に ϕ を乗じたものとなる。

崩壊機構2： $H \cdot l\theta + V \cdot l\theta = M_p(\theta + 2\theta + 3\theta + 2\theta)$ 　　　$\therefore H + V = 8\dfrac{M_p}{l}$

崩壊機構3： $H \cdot l\theta = M_p \cdot 4\theta$ 　　　　　　　　　　　　$\therefore H = 4\dfrac{M_p}{l}$

崩壊機構4： $H \cdot 2l\theta - V \cdot l\theta = M_p(2\theta + 3\theta + 2\theta + \theta)$ 　　　$\therefore 2H - V = 8\dfrac{M_p}{l}$

崩壊機構4'： $V \cdot l\theta - H \cdot 2l\theta = M_p(2\theta + 3\theta + 2\theta + \theta)$ 　　　$\therefore V - 2H = 8\dfrac{M_p}{l}$

7.6 崩壊曲面

崩壊機構 5 : $H \cdot l\theta - V \cdot l\theta = M_p(\theta + 2\theta + 2\theta + \theta)$ $\therefore H - V = 6\dfrac{M_p}{l}$

崩壊機構 5' : $V \cdot l\theta - H \cdot l\theta = M_p(\theta + 2\theta + 2\theta + \theta)$ $\therefore V - H = 6\dfrac{M_p}{l}$

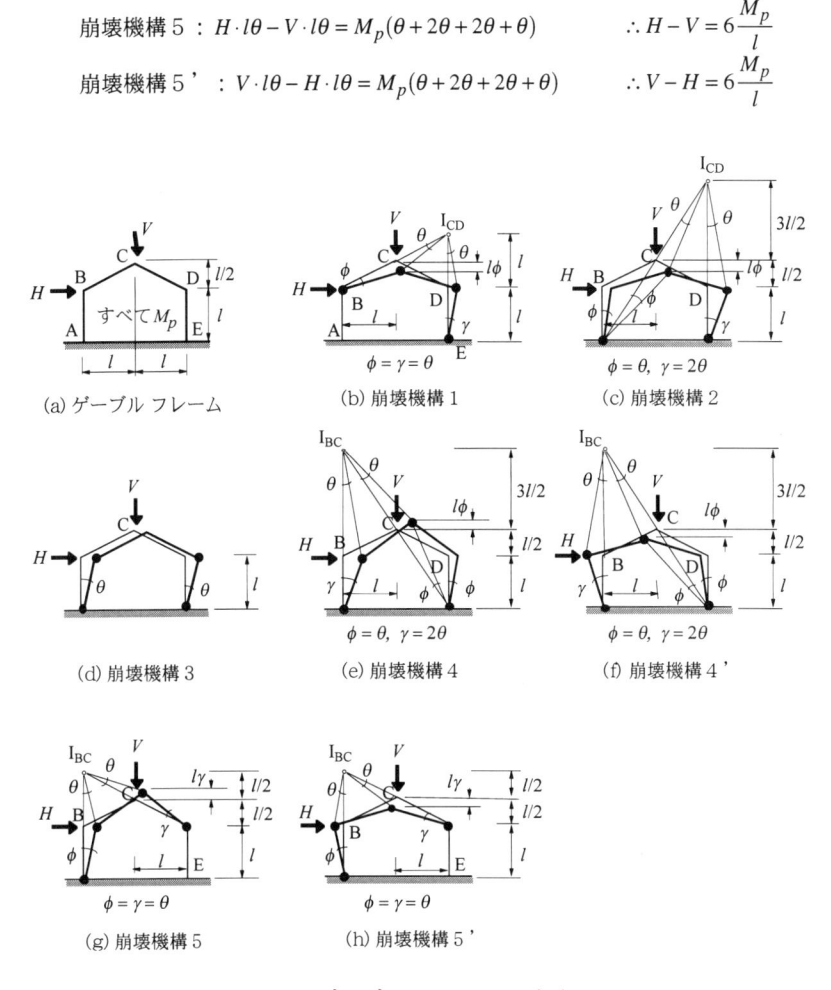

(a) ゲーブル フレーム
(b) 崩壊機構 1
(c) 崩壊機構 2
(d) 崩壊機構 3
(e) 崩壊機構 4
(f) 崩壊機構 4'
(g) 崩壊機構 5
(h) 崩壊機構 5'

図-7.8 ゲーブル フレームの崩壊

さて、これらの崩壊の条件式を図示すると図-7.9のようになる。HとVの組合せが、いずれかの直線上に達するとその崩壊が起こり、原点から見てその直線の手前にあればその崩壊は起こらない。したがって、図の網掛け部ではいずれかの崩壊が既に起こっている領域であり、図のabcdで囲まれた白抜きの領域

に H と V があればいかなる機構の崩壊も起こらないことになる。このabcdを**崩壊曲面** (failure locus) といい、これを表したグラフを**相関図** (interaction diagram) という。上界定理により、崩壊曲面は原点から見て凸曲面となる。

同図より、$\frac{V}{H} > 3$ のときは崩壊機構1が起こり、$1 < \frac{V}{H} < 3$ のときは崩壊機構2が起こり、$\frac{V}{H} < 1$ のときは崩壊機構3が起こることがわかる。$H = 0$ のときは崩壊機構1と5'の崩壊荷重が等しいのでいずれも起こりうる。同様に、$\frac{V}{H} = 3$ のときは崩壊機構1と2、$\frac{V}{H} = 1$ のときは崩壊機構2と3、$V = 0$ のときは崩壊機構3と4の崩壊荷重が等しい。

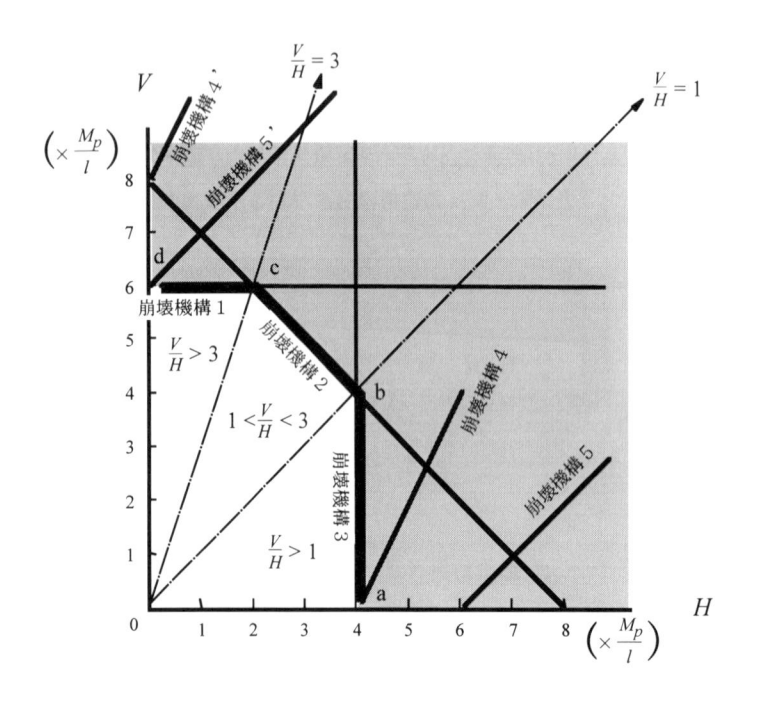

図-7.9　崩壊曲面

演習問題

7.1) 図のように、一端が完全固定され、他端がピン・ローラー支持された梁に等分布荷重 p が作用したときの崩壊荷重 p_u を求めよ。梁の全塑性モーメントを M_p とする。

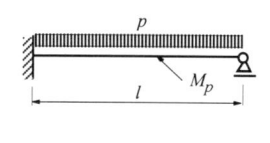

演習図-7.1

7.2) 長さ L の両端固定梁ABに単位長さ当たり重量 w の等分布荷重が作用している。梁の全塑性モーメントは左端Aで M_{po}、右端Bで $2M_{po}$ であり、材長に沿って直線的に変化している。崩壊荷重 w_u を求めよ。

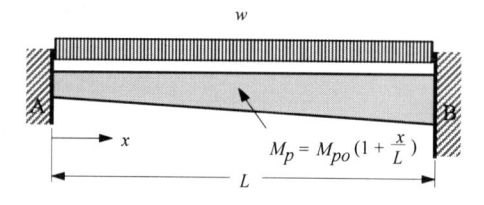

演習図-7.2

7.3) 図の柱脚固定ラーメンについて、可能な崩壊機構として図の(1)〜(3)が考えられる。柱と梁の節点では、釣合い条件により柱側と梁側の曲げモーメントが等しいので、全塑性モーメントの小さい側に塑性ヒンジが生じる。図の崩壊機構にはそれが考慮されている。例えば、B点で塑性ヒンジが形成されるときは、柱の全塑性モーメントのほうが梁より小さいので柱側に塑性ヒンジが生じる。逆に、D点では梁側に塑性ヒンジが生じる。

(1) それぞれの崩壊機構について、与えられた仮想回転角 θ による外力仕事

W と内力仕事 U を算定し、仮想仕事式 $W = U$ を用いて、崩壊荷重を求めよ。

(2) 上界定理に基づいて真の崩壊機構を特定し、真の崩壊荷重を求めよ。

(3) それぞれの崩壊機構について、曲げモーメント分布を描き、上で得られた真の崩壊機構だけが塑性条件を満たしていることを確認せよ。崩壊機構(1)では、崩壊が梁だけで起こるので、崩壊時の柱の曲げモーメントが定まらない。そこで、E点の曲げモーメントを全塑性モーメント $3M_p$ と仮定してA点の曲げモーメントを求め、塑性条件を満たせるか否かを確認せよ。

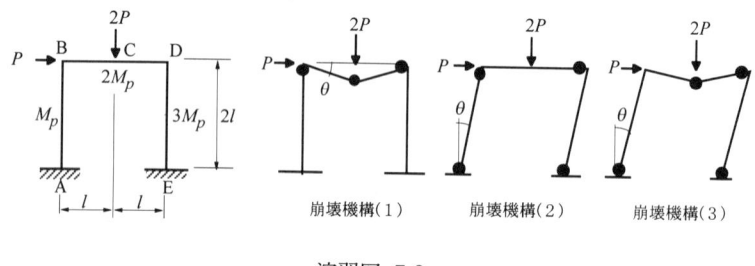

演習図-7.3

7.4) 水平面内で直交する梁ABとCDがそれぞれの中点Eで剛接合されている。梁ABは、両端が固定支持され、全長が $4L$、全塑性モーメントが $4M_p$ である。梁CDは、両端が単純支持され、全長が $2L$、全塑性モーメントが M_p である。AEの中点Fに鉛直荷重 P が作用するときの崩壊機構を図示し、崩壊荷重 P_u を求めよ。さらに、その崩壊機構における曲げモーメント図を描いて塑性条件が満たされていることを確認せよ。

演習問題

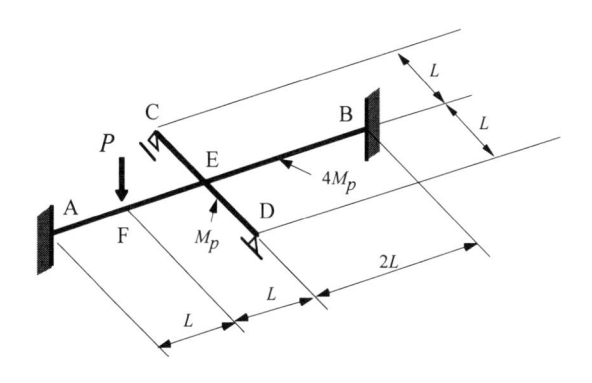

演習図-7.4

7.5) 図に示すように、A点とB点でピン支持された水平な梁ACが、C点で鉛直ケーブルによって吊られている。この梁とケーブルは剛塑性体であり、梁の全塑性モーメントはM_p、ケーブルの降伏軸力は$3M_p/L$である。ケーブルは引張力に対してのみ抵抗し、圧縮力は負担できないものとする。この梁に鉛直下向きの集中荷重PがAC上の一点で作用したとき、最小の荷重で塑性崩壊するときのPの作用点とそのときのPの大きさを知りたい。梁とケーブルの重さは無視し、次の手順でこの問題を解け。

(1) PがAB間に作用するとき（$0 < x < L$の場合）、可能なすべての崩壊機構を図示し、それぞれに対応する崩壊荷重をM_p, L, xで表せ。さらに、Pを最小にするxの値およびそのときのPの値を求めよ。

(2) PがBC間に作用するとき（$0 < y \leq L$の場合）、可能なすべての崩壊機構を図示し、それぞれに対応する崩壊荷重をM_p, L, yで表せ。さらに、Pを最小にするyの値およびそのときのPの値を求めよ。

(3) 上記(1)と(2)の結果に基づいて、最小の崩壊荷重とそのときの荷重作用点を答えよ。

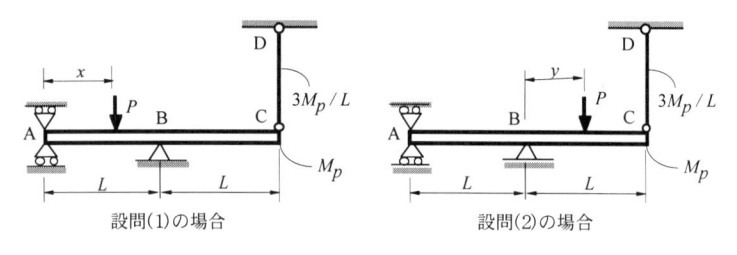

演習図-7.5

7.6) 図に示す半径rの円形リングの崩壊機構と崩壊荷重を求めよ。リングの全塑性モーメントはいずれの場合もM_pとする。

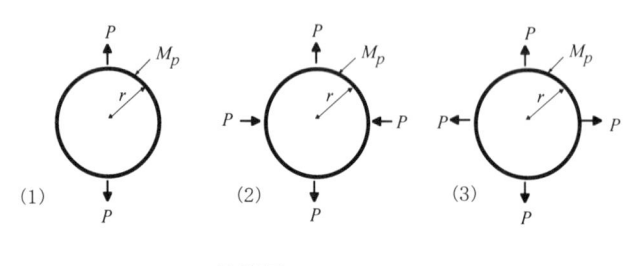

演習図-7.6

7.7) 図に示す**フィーレンディール梁**（Vierendeel girder）の崩壊機構を描き、崩壊荷重P_uを求めよ。また、そのときの曲げモーメント図を描いて、塑性条件が満たされていることを確認せよ。部材の全塑性モーメントはすべてM_pとする。

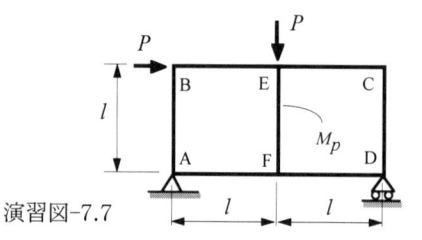

演習図-7.7

7.8) 図に示す片流れ屋根フレームの崩壊機構を描き、崩壊荷重 P_u を求めよ。また、そのときの曲げモーメント図を描け。部材の全塑性モーメントはすべて M_p とする。

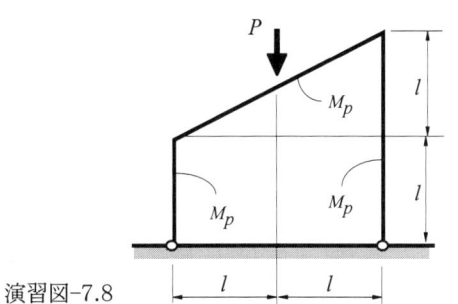

演習図-7.8

第8章

モーメント分配法と下界定理

8.1 モーメント分配法

　構造物の塑性解析において、前章で説明した仮想仕事法と対極的な関係にある**モーメント分配法**(moment distribution method) と呼ばれる方法がある。これは、イングリッシュ (J. M. English,1953年) とホーン (M. R. Horne,1954年) が考案したものである。後で述べる下界定理によると、モーメント分配法で計算される崩壊荷重は真の崩壊荷重を上回ることがない。したがって、崩壊荷重を過大評価することがないので、安全側の設計ができるのが仮想仕事法と異なる点である。

　モーメント分配法は前章で紹介した塑性崩壊の3条件のうち、機構条件を無視して、釣合い条件と塑性条件を満たすように計算を進める。その過程で適宜曲げモーメントを再配分してゆき、それに釣合う荷重を最大化させ、最終的に**機構条件**を満たす状態に到達すれば真の崩壊荷重になる。これを図-8.1の例題で説明しよう。この両端固定梁の真の崩壊荷重は、前章で既に計算したように、$1.2\dfrac{M_p}{l}$ であることがわかっている。この構造物は曲げモーメントがピークとなるA,B,C,Dの4箇所に塑性ヒンジが発生する可能性があるので、ここが危険点となる。この構造物は2次の不静定構造であるから、危険点のうち3箇所に塑性ヒンジが形成されると崩壊する。

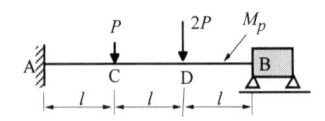

図-8.1 モーメント分配法の例題

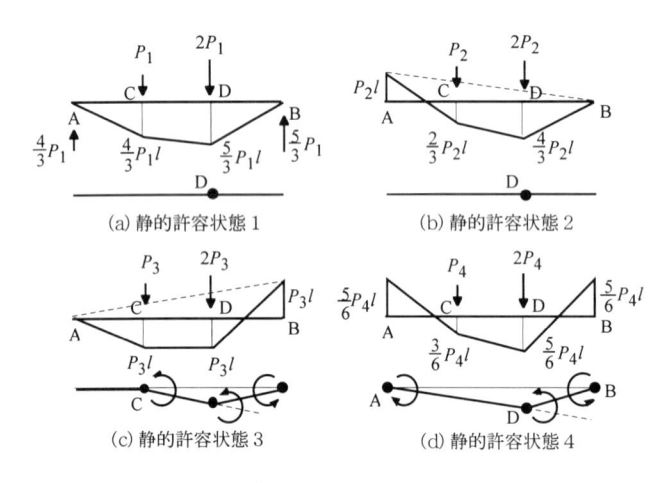

図-8.2 可能な静的許容状態

先ず、図-8.2(a)のように、両端A,Bの曲げモーメントが0となる場合を考えてみよう。これは単純支持と同じ状態であるので、支点A,Bの反力は、梁全体のモーメントの釣合いから、それぞれ $R_A = \frac{4}{3}P_1$、$R_B = \frac{5}{3}P_1$ となる。C,D点の曲げモーメントはそれぞれ $M_C = \frac{4}{3}P_1 l$、$M_D = \frac{5}{3}P_1 l$ である。最大曲げモーメントは M_D であるので、$M_D = M_p$ とおくと、荷重は $P_1 = 0.6\frac{M_p}{l}$ になることがわかる。この状態は釣合い条件と塑性条件を共に満たしている。このときの荷重 $P_1 = 0.6\frac{M_p}{l}$ は、既に知られている真の崩壊荷重 $P_{\text{true}} = 1.2\frac{M_p}{l}$ より小さい。なぜなら、塑性ヒンジがD点の1箇所にしか形成されていないので、崩壊機構すなわち運動的許容状態になっていないからである。

次に、図(b)の状態を考えてみよう。これは図(a)の状態の左端Aに曲げモーメント P_2l を与えたもので、点C,Dでは、それぞれ逆向きの曲げモーメント $\frac{2}{3}P_2l$、$\frac{1}{3}P_2l$ が付加されるので、曲げモーメントはそれぞれ $\frac{2}{3}P_2l$、$\frac{4}{3}P_2l$ となる。最大曲げモーメントはD点の $\frac{4}{3}P_2l$ であるので、それを M_p とおくと、荷重は $P_2 = 0.75\frac{M_p}{l}$ となる。この場合も崩壊機構になっていないので真の崩壊荷重より荷重が小さい。

次に、図(c)の状態を考えてみよう。これは図(a)の状態の右端Bに曲げモーメント P_3l を与えたもので、点C,Dでは、それぞれ逆向きの曲げモーメント $\frac{1}{3}P_3l$、$\frac{2}{3}P_3l$ が付加されるので、曲げモーメントはそれぞれ P_3l、P_3l となる。最大曲げモーメントはB,C,D点の P_3l であるので、それを M_p とおくと、荷重は $P_3 = 1.0\frac{M_p}{l}$ となり真の崩壊荷重より小さい。この場合、塑性ヒンジがB,C,Dの3箇所に形成されるので崩壊機構になっているかのように思われるが、C点における曲げモーメントと回転角が逆向きになっているので、正しい機構条件は成立していない。

最後に、図(d)の状態を考えてみよう。これは図(a)の状態の両端A,Bに曲げモーメント $\frac{5}{6}P_4l$ を与えたもので、逆向きの一様曲げモーメント $\frac{5}{6}P_4l$ が付加されるので、点C,Dの曲げモーメントは $\frac{3}{6}P_4l$、$\frac{5}{6}P_4l$ となる。最大曲げモーメントはA,B,D点の $\frac{5}{6}P_4l$ であるので、それを M_p とおくと、荷重は $P_4 = 1.2\frac{M_p}{l}$ となり真の崩壊荷重と一致する。この場合には、塑性ヒンジがA,B,Dの3箇所に形成され、崩壊機構となっているからである。

以上のように、釣合い条件と塑性条件を満たすように曲げモーメントを再配分し、試行錯誤しながら求めた荷重は真の崩壊荷重を上回ることはないので、どの荷重を使っても危険側の設計になることはない。しかし、真の崩壊荷重を大きく下回る値を用いると不経済な設計になるという欠点がある。真の崩壊荷重に近い荷重を見つけ出す方法については後で説明する。

8.2 下界定理

上の例題で見たように、どの位置においても曲げモーメントが全塑性モーメントを超えない釣合い状態にある荷重は真の崩壊荷重を超えることがない。これは、次のようにいい表わされる**下界定理** (lower bound theorem) によるものである。

「いかなる位置においても曲げモーメントが当該断面の全塑性モーメントを超えないとき、それに釣合う荷重は真の崩壊荷重より小さいか、または等しい。」

上の例では、$P_1, P_2, P_3, P_4 \leq P_{\text{true}}$ ということになる。P_{true} は真の崩壊荷重である。これに機構条件が付加されれば、塑性崩壊の3条件がすべて満たされることになるので、そのときの荷重が真の崩壊荷重となる。

釣合い条件と塑性条件を満たす状態を**静的許容状態** (statically admissible state) といい、下界定理は次のようにもいい換えることができる。

「静的許容状態にある荷重は真の崩壊荷重を上回ることはなく、崩壊荷重の下界である。」

下界定理は次のように証明することができる。構造物に作用する荷重群 $p_1, p_2, \cdots, p_m$ に正の係数 s を乗じた $sp_1, sp_2, \cdots, sp_m$ が真の崩壊荷重で、そのとき構造物の位置 $1, 2, \cdots, n$ に塑性ヒンジが生じているとすると、仮想仕事の原理により、

$$s \cdot \sum_{i=1}^{m} p_i u_i = \sum_{j=1}^{n} M_{pj} \theta_j \tag{8.1}$$

となる。記号は上界定理の証明で用いたものと同じである。

次に、ある荷重係数 $\tilde{s}$ によって静的許容状態にある当該構造物に、真の崩壊機構の場合と同じ仮想変位と仮想回転角を与えると、仮想仕事の原理により、

$$\tilde{s} \cdot \sum_{i=1}^{m} p_i u_i = \sum_{j=1}^{n} M_j \theta_j \tag{8.2}$$

が成り立つ。ただし、M_j は次の範囲にある。

$$-M_{pj} \leq M_j \leq M_{pj} \tag{8.3}$$

(8.1)式から(8.2)式を引くと、

$$(s - \tilde{s}) \cdot \sum_{i=1}^{m} p_i u_i = \sum_{j=1}^{n} (M_{pj} - M_j) \theta_j \tag{8.4}$$

となる。上式の右辺は(8.3)式の制約から負にはならないので、

$$s \geq \tilde{s} \tag{8.5}$$

が導かれ、下界定理が証明されたことになる。

8.3 地震水平力に対する骨組の終局耐力

8.3.1 水平終局耐力の計算法

わが国のような地震が多発する地域では、大地震に対する塑性設計が行われている。そのとき、地震水平力に対する構造物の崩壊荷重（これを**保有水平耐力**と呼んでいる）を計算するために、いろいろな手法が考案されている。多くの建物の構造は、多層多スパンのラーメン構造の形式であり、そのような骨組の保有水平耐力の計算方法として次のようなものがある。

  （1）数値解析法

  （2）フロアモーメント分配法

  （3）層モーメント分配法

  （4）節点モーメント分配法

(1)の数値解析法はコンピュータを利用した解析法で、地震水平力を漸増負荷させて塑性ヒンジが形成されるごとに剛性マトリックスを組み直して骨組解析を行い、最終的に崩壊機構に到達するときの荷重を算定する方法である。このような塑性ヒンジ法を使わないで、有限要素法を用いることもある。この数値解析法では、荷重とあわせて変形が同時に計算されるので、荷重－変形カーブを知ることができる。

(2)～(4)はモーメント分配法であり、手計算で崩壊荷重の下界が得られるような工夫がされている。ここでは、これについて説明する

8.3.2 フロアモーメント分配法

モーメント分配法のなかでもっともシステマチックに多層骨組の崩壊荷重が計算できるのがフロアモーメント分配法である。図-8.3を用いてその手順を説明しよう。

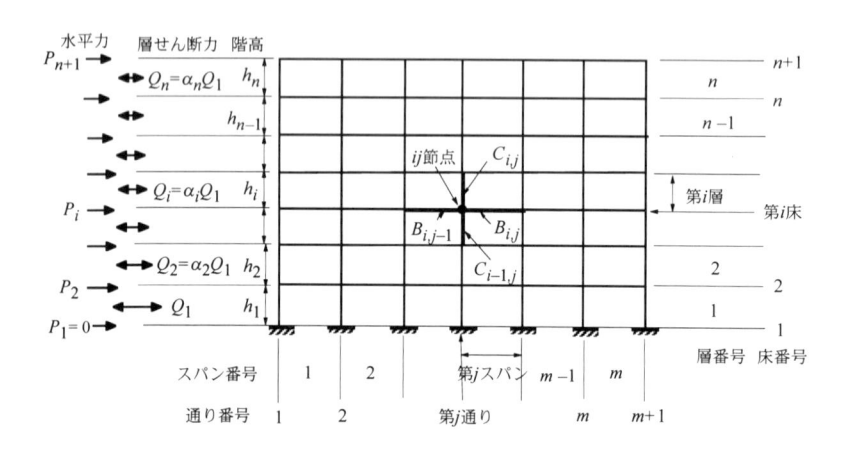

図にはmスパンn層のラーメン構造が描かれている。床には最下部の1番から最上部の$n+1$まで番号が付けてあり、階には最下層の第1層から最上層の第n層まで番号が付けてある。i番目の床のすぐ上の階が第i層となる。階高は最下層がh_1、最上層がh_nで、第i層はh_iで表す。スパンには左端を起点に1番からm番まで番号が付けてあり、柱の通り番号は1番から$m+1$番まで番号が付けてある。第j通りのすぐ右側のスパンが第jスパンとなる。第i床と第j通りの交点をij節点とする。ij節点に集結する梁の全塑性モーメントを左側が$B_{i,j-1}$、右側が$B_{i,j}$とし、柱の全塑性モーメントを下側が$C_{i-1,j}$、上側が$C_{i,j}$とする。

図-8.3 多層ラーメン

8.3　地震水平力に対する骨組の終局耐力

　この多層ラーメンに作用する地震水平力は床レベルに集中荷重として作用するものと考え、下から $P_1, P_2, \cdots, P_i, \cdots, P_{n+1}$ とする。ただし、P_1 は骨組の崩壊に関係しないので、ここでは $P_1 = 0$ とする。各階に作用するせん断力を**層せん断力**（story shear force）といい、$Q_1, Q_2, \cdots, Q_i, \cdots, Q_n$ で表すと、地震水平力との関係は次式で表される。

$$Q_i = \sum_{k=i+1}^{n+1} P_k \tag{8.6}$$

または

$$P_i = Q_{i-1} - Q_i \tag{8.7}$$

　先ず、ij 節点における曲げモーメントの釣合いを考えてみよう。骨組の左から右方向に地震水平力が作用するとしたとき、ij 節点の上下の柱には図-8.4(a)のようなせん断力が生じる。すなわち、上の柱には右向きのせん断力 Q_{upper}、下の柱には左向きのせん断力 Q_{lower} が作用し、これが ij 節点にもたらす曲げモーメントは、この場合、上下ともに時計まわりとなる。一方、左右の梁には図のようなせん断力 Q_{left}, Q_{right} が生じ、これが ij 節点にもたらす曲げモーメントはいずれも反時計まわりである。したがって、柱の上下の材端曲げモーメントをそれぞれ $M_{C,upper}$ と $M_{C,lower}$、梁の左右の材端曲げモーメントをそれぞれ $M_{B,left}$ と $M_{B,right}$ とすると、ij 節点のモーメントの釣合いは次式で表される。

$$M_{B,left} + M_{B,right} = M_{C,lower} + M_{C,upper} \tag{8.8}$$

　このことは、ij 節点に塑性ヒンジが形成されて塑性変形角 θ が生じるとき、左右の梁の全塑性モーメントの和が上下の柱の全塑性モーメントの和より小さければ、図(b)のように梁に塑性ヒンジが形成され、逆に、上下の柱の全塑性モーメントの和が左右の梁の全塑性モーメントの和より小さければ、図(c)のように柱に塑性ヒンジが形成されることを意味している。したがって、左右の梁の全塑性モーメントの和 $B_{i,j-1} + B_{i,j}$ と上下の柱の全塑性モーメントの和 $C_{i-1,j} + C_{i,j}$ の大小関係より、塑性ヒンジの形成状態を判定することができる。なお、両端の通り番号 1 と $m+1$ については梁は片側だけとなり、最上部の第 $(n+1)$ 床につ

いては柱は片側だけとなる。

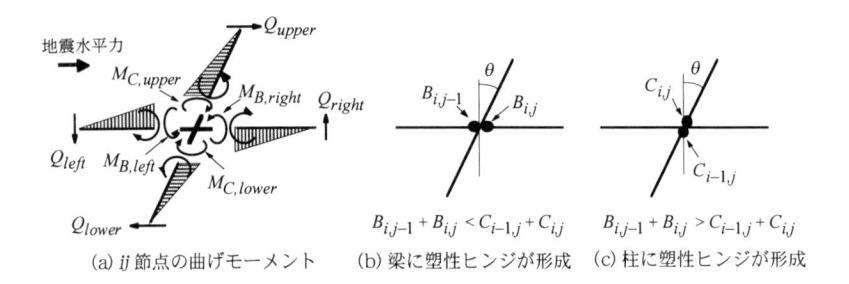

図-8.4 節点における曲げモーメントと塑性ヒンジの形成

(a) ij 節点の曲げモーメント
(b) 梁に塑性ヒンジが形成　$B_{i,j-1} + B_{i,j} < C_{i-1,j} + C_{i,j}$
(c) 柱に塑性ヒンジが形成　$B_{i,j-1} + B_{i,j} > C_{i-1,j} + C_{i,j}$

次に，図-8.5のような崩壊機構を考えてみよう。これは第 p 層から第 r 層までが部分層崩壊する様子を示したものである。特に，崩壊層が最下層から最上層まですべてにわたるとき（$p=1, r=n$ のとき），**全体崩壊機構** (overall failure mechanism) という。

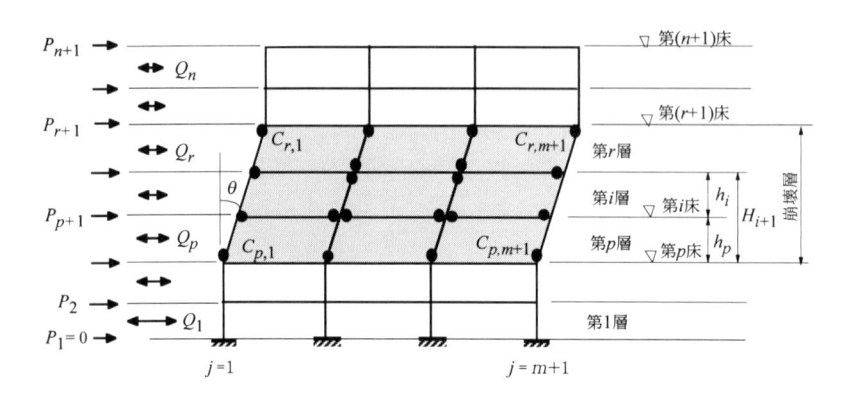

図-8.5 崩壊機構

図-8.5の崩壊荷重は仮想仕事法により求めることができる。仮想回転角を θ とし，第 p 床から第 i 床までの高さを H_i とすると，外力仕事 W は次式で表され

る。

$$\begin{aligned}
W &= \sum_{i=p+1}^{r+1} P_i H_i \theta + \sum_{i=r+2}^{n+1} P_i H_{r+1} \theta \\
&= \sum_{i=p+1}^{r+1} (Q_{i-1} - Q_i) H_i \theta + \sum_{i=r+2}^{n+1} (Q_{i-1} - Q_i) H_{r+1} \theta \\
&= \begin{Bmatrix} (Q_r - Q_{r+1}) H_{r+1} \theta \\ +(Q_{r-1} - Q_r) H_r \theta \\ \cdot \\ \cdot \\ +(Q_p - Q_{p+1}) H_{p+1} \theta \end{Bmatrix} + \begin{Bmatrix} (Q_n - Q_{n+1}) H_{r+1} \theta \\ +(Q_{n-1} - Q_n) H_{r+1} \theta \\ \cdot \\ \cdot \\ +(Q_{r+1} - Q_{r+2}) H_{r+1} \theta \end{Bmatrix} \\
&= \{-Q_{r+1} H_{r+1} + Q_r(H_{r+1} - H_r) + Q_{r-1}(H_r - H_{r-1}) + \cdots + Q_p H_{p+1}\}\theta \\
&\quad + \{-Q_{n+1} H_{r+1} + Q_{r+1} H_{r+1}\}\theta
\end{aligned}$$

$$\therefore W = \sum_{i=p}^{r} Q_i h_i \theta \tag{8.9}$$

ここで、層せん断力の分布を表す係数 α_i を次のように定義する。

$$Q_i = \alpha_i Q_1 \tag{8.10}$$

Q_1 は第1層の層せん断力（**ベースシア**）で、建物に作用する地震水平力の総和である。α_i は**層せん断力係数**と呼ばれているものである。これを用いて、上式を書き直すと次のようになる。

$$W = Q_1 \sum_{i=p}^{r} \alpha_i h_i \theta \tag{8.11}$$

次に、内力仕事 U は、次のようになる。

$$U = \sum_{j=1}^{m+1} C_{p,j} \theta + \sum_{j=1}^{m+1} C_{r,j} \theta + \sum_{i=p+1}^{r} \left(\sum_{j=1}^{m+1} M_{ij} \theta \right) \tag{8.12}$$

上式右辺の第1項と第2項はそれぞれ崩壊層の底部と頂部の塑性ヒンジの仕事で、第3項は崩壊層の中間の ij 節点に生じる塑性ヒンジの仕事である。既に述べたように、ij 節点では梁側と柱側のいずれか弱いほうに塑性ヒンジが生じるので、上式第3項の**節点モーメント** M_{ij} は次式で与えられる。

$$M_{ij} = \min\{(B_{i,j-1} + B_{i,j}), (C_{i-1,j} + C_{i,j})\} \tag{8.13}$$

ここで、次式で定義される**フロアモーメント** M_{Fi} を導入する。

$$M_{Fi} = \sum_{j=1}^{m+1} M_{ij} \tag{8.14}$$

これを用いると、上の(8.12)式は次のように書ける。

$$U = \sum_{j=1}^{m+1} C_{p,j}\theta + \sum_{j=1}^{m+1} C_{r,j}\theta + \sum_{i=p+1}^{r} M_{Fi}\theta \tag{8.15}$$

なお、$r=n$ のとき（崩壊層が最上層に達するとき）、屋根レベルの塑性ヒンジは必ずしも柱側だけに形成されるとは限らないので、上式の $\sum_{j=1}^{m+1} C_{r,j}\theta$ は最上部のフロアモーメント $M_{Fn+1} = \sum_{j=1}^{m+1} M_{n+1,j} = \sum_{j=1}^{m+1} \min\{(B_{n+1,j-1} + B_{n+1,j}), (C_{n,j})\}$ に置き換える必要がある。

仮想仕事式 $W=U$ に上の(8.11)式と(8.15)式を代入すると、崩壊荷重が次のように得られる。

$$Q_1 = \frac{\sum_{j=1}^{m+1} C_{p,j} + \sum_{j=1}^{m+1} C_{r,j} + \sum_{i=p+1}^{r} M_{Fi}}{\sum_{i=p}^{r} \alpha_i h_i} \tag{8.16}$$

上で導かれた崩壊荷重はあくまでも仮定した崩壊機構での崩壊荷重であるので、上界定理の教えにより、真の崩壊荷重より大きい可能性がある。そこで、塑性条件が満たされていることを確認しなければならない。その一連の手順を次に説明する。

フロアモーメント分配法による崩壊荷重の算定手順を示すと図-8.6のようになる。このとき、すべての部材（梁および柱）の**全塑性モーメント**（$B_{i,j}$ および $C_{i,j}$）が既にわかっているものとする。以下、そのフローを説明する。

手順①：すべての節点の節点モーメント M_{ij} を(8.13)式を用いて計算する。このとき、塑性ヒンジが梁側か柱側のどちらに形成されるかに注意する。

手順②：すべての床レベル $i = 2 \sim (n+1)$ におけるフロアモーメント M_{Fi} を(8.14)式を用いて計算する。

手順③：初期設定として全体崩壊機構すなわち $p=1, r=n$ を仮定する。

手順④：(8.16)式を用いて崩壊荷重 Q_1 を算定する。

手順⑤：すべての層の層モーメント $\alpha_i Q_1 h_i$ を算定する。ここで、α_i は層せん断力係数、h_i は階高、Q_1 は手順④の崩壊荷重である。

手順⑥：最上層から順次、下層に向かって、フロアモーメント $M_{F,i+1}$ をすぐ下の層の柱群の柱頭モーメント $M_{T,i}$ と柱脚モーメント $M_{B,i}$ へ分配する。このとき、$M_{T,i}$ と $M_{B,i}$ の和が層モーメントと等しいという釣合い条件 $M_{T,i} + M_{B,i} = \alpha_i Q_1 h_i$ を満たすようにする。

第 n 層　　　　　柱頭 $M_{T,n} = M_{F,n+1}$

　　　　　　　　　柱脚 $M_{B,n} = \alpha_n Q_1 h_n - M_{T,n}$

第 $n-1$ 層　　　　柱頭 $M_{T,n-1} = M_{F,n} - M_{B,n}$

　　　　　　　　　柱脚 $M_{B,n-1} = \alpha_{n-1} Q_1 h_{n-1} - M_{T,n-1}$

・・・・・・・・・・・・・・

（部分層崩壊の第 r 層、$r \neq n$ のとき）

　　　　　　　　　柱頭 $M_{T,r} = \sum_{j=1}^{m+1} C_{r,j}$

　　　　　　　　　柱脚 $M_{B,r} = \alpha_r Q_1 h_r - M_{T,r}$

・・・・・・・・・・・・・・

第 1 層　　　　　柱頭 $M_{T,1} = M_{F,2} - M_{B,2}$

　　　　　　　　　柱脚 $M_{B,1} = \alpha_1 Q_1 h_1 - M_{T,1}$

手順⑦：すべての層について柱群の柱頭と柱脚の塑性条件を検定する。

$$\frac{|M_{T,i}|}{\sum_{j=1}^{m+1} C_{i,j}} \leq 1 \qquad \frac{|M_{B,i}|}{\sum_{j=1}^{m+1} C_{i,j}} \leq 1$$

ここで、$C_{i,j}$ は第 i 層第 j 通りの柱の全塑性モーメントである。

手順⑧：手順⑦ですべての柱の塑性条件が満たされていれば、仮定した崩壊機構は真の崩壊機構であり、その崩壊荷重は真の崩壊荷重となるので、手順⑩へ飛んで計算は終了する。手順⑦で1箇所でも塑性条件が満たされていなければ手順⑨へ進み、崩壊機構を見直す。

手順⑨：崩壊機構の修正を次のように行い、手順④へもどり再計算する。

最下層 p を手順⑦の柱脚の $|M_{B,i}|/\sum_{j=1}^{m+1} C_{i,j}$ が最大値となる層とする。

最上層 r を手順⑦の柱頭の $|M_{T,i}|/\sum_{j=1}^{m+1} C_{i,j}$ が最大値となる層とする。

手順⑩：終了

以上の手順は演習問題8.1で具体的に試してみることにしよう。

① 節点モーメント M_{ij} の計算
② フロアモーメント M_{Fi} の計算
③ 全体崩壊機構 $p=1, r=n$ を仮定
④ 崩壊荷重 Q_1 の計算
⑤ 層モーメント $\alpha_i Q_1 h_i$ の計算
⑥ 層モーメントを柱頭モーメント $M_{T,i}$ と柱脚モーメント $M_{B,i}$ に分配
⑦ 塑性条件の検定 $M_{T,i} \leq \Sigma C_{i,j}$, $M_{B,i} \leq \Sigma C_{i,j}$
⑧ 判定（合格／不合格）
⑨ 崩壊層 p, r の見直し
⑩ 終了

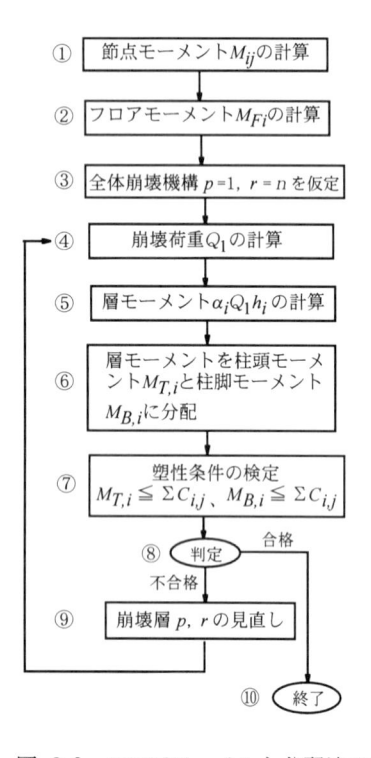

図-8.6　フロアモーメント分配法の手順

8.4 フェイルセーフ構造

建築構造物は一般に不静定構造物で、しかも不静定次数が高い。今まで見てきたように、構造物のごく一部に塑性ヒンジが形成されても崩壊することはなく、崩壊に到るまでには相当数の塑性ヒンジの形成を必要とする。このような構造物は**冗長系** (redundant system) と呼ばれる。

不静定構造物から部材を取り去ったりあるいは剛節点をピン節点にするなどして次々と不静定次数を下げていくと最後には静定構造物になる。この逆の操作、すなわち静定構造物に部材追加や剛節化などの補強をすると不静定構造物になる。本章で学んだ下界定理によると、このような**補強** (strengthening) により構造物の崩壊荷重が低下することはない。なぜなら、補強前の構造物が崩壊するときの曲げモーメント分布は補強後の構造物の静的許容状態となりうるからである。

不静定構造物では、それを構成する一部の部材が予想外の出来事によって破壊したり喪失したとき、構造系全体は崩壊を免れることがある。そのように設計された構造物を**フェイルセーフ構造** (fail-safe structure) という。例えば、図-8.7(a)に示す2スパン5層のピン柱脚剛節骨組が、図(b)に示す荷重に対して崩壊しないように設計されている。設計荷重は各節点に作用する鉛直力Pと水平力$P/3$で、鉛直力は固定荷重と積載荷重によって常時作用しているもので、水平力は地震によるものである。この骨組の階高はすべてL、柱間隔（スパン）は$2L$である。あるとき、この建物の1階中央の柱がテロによって爆破されて吹き飛び、図(c)のようになった。このとき、建物は崩壊するであろうか。次の条件がすべて満たされているとして検討してみよう。条件(1)：柱の圧縮耐力は十分大きいので、柱が圧縮軸力で降伏することはなく、また柱の全塑性モーメントが圧縮軸力の影響で低下することはない。条件(2)：爆破された構面に隣接する構面の影響はなく、爆破された構面を単独に扱うことができる。条件(3)：骨

第8章「モーメント分配法と下界定理」

組は左右対称に設計されている。条件(4)：柱が爆破されたとき地震力は作用しない。

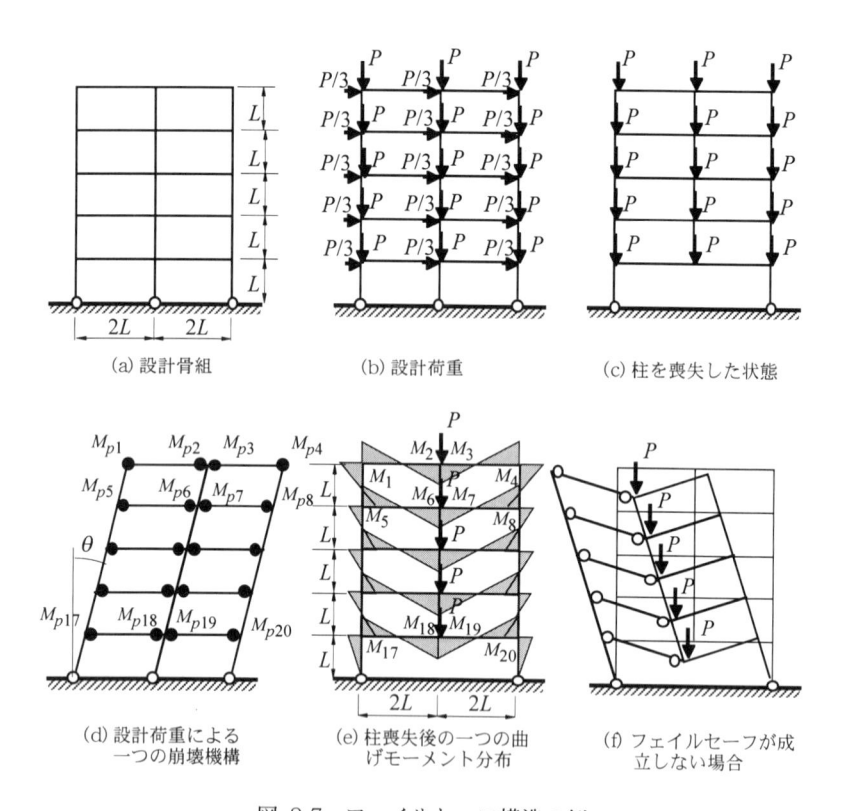

(a) 設計骨組
(b) 設計荷重
(c) 柱を喪失した状態

(d) 設計荷重による一つの崩壊機構
(e) 柱喪失後の一つの曲げモーメント分布
(f) フェイルセーフが成立しない場合

図-8.7　フェイルセーフ構造の例

先ず、図(b)の設計荷重に対する崩壊機構の一つに図(d)が考えられる。上界定理により、この構造物はこの機構では崩壊しないはずであるので、図の仮想回転角 θ に対して次式が成立しなければならない。

$$\sum_i M_{pi}\theta \geq P(L+2L+3L+4L+5L)\theta \quad \therefore \sum_i M_{pi} \geq 15PL \tag{8.17}$$

ここで、M_{pi} は図(d)に示した i 番目の塑性ヒンジの全塑性モーメントで、$\sum_i M_{pi}$ はその総和を表す（$i=1,2,\cdots,20$）。上式において等号はちょうど崩壊が

142

8.4 フェイルセーフ構造

起こることを意味するので、設計された構造物では不等号が成立しているはずである。

次に、柱が喪失した状態(c)に対して、図(e)のような曲げモーメント分布図を描くことができる。i番目の梁端における曲げモーメントをM_iとすると、力の釣合いは、

$$\sum_i M_i / 2L = 5P \qquad \therefore \sum_i M_i = 10PL \qquad (8.18)$$

となる（$i=1,2,\cdots,20$）。(8.17)式と(8.18)式から次式が成立する。

$$\sum_i M_{pi} > \sum_i M_i \qquad (8.19)$$

これは、柱が爆破された状態(c)に対して静的許容状態が存在することを示している（柱についても条件(1)があるので全塑性モーメントを超えない）。したがって、下界定理より、状態(c)の荷重は崩壊荷重を上回ることはない。すなわち、1階中央の柱が失われても、この構造物は崩壊しない。ただし、条件(3)が満たされていない場合は崩壊する可能性がある。例えば、左スパンの梁をピン接合で設計していたとすると、図(f)の機構でたちまち崩壊する。

以上の例は、下界定理を利用してフェイルセーフを検証したものである。わが国では、設計用地震荷重が大きいことが自重に対する構造物の余裕を生み出し、これが非常事態に対するバックアップとなっている。ただし、このようなフェイルセーフが成立するのは、塑性変形が可能な構造物に限るのであって、脆性的な破壊が起こるような構造物には成り立たないことに注意しなければならない。

第8章「モーメント分配法と下界定理」

演習問題

8.1) 図に示すのは左右対称な10層3スパンの剛節骨組である。地震層せん断力の作用による崩壊機構と崩壊荷重をフロアモーメント分配法を使って求める過程が示されている。（　）内に数値を入れよ。

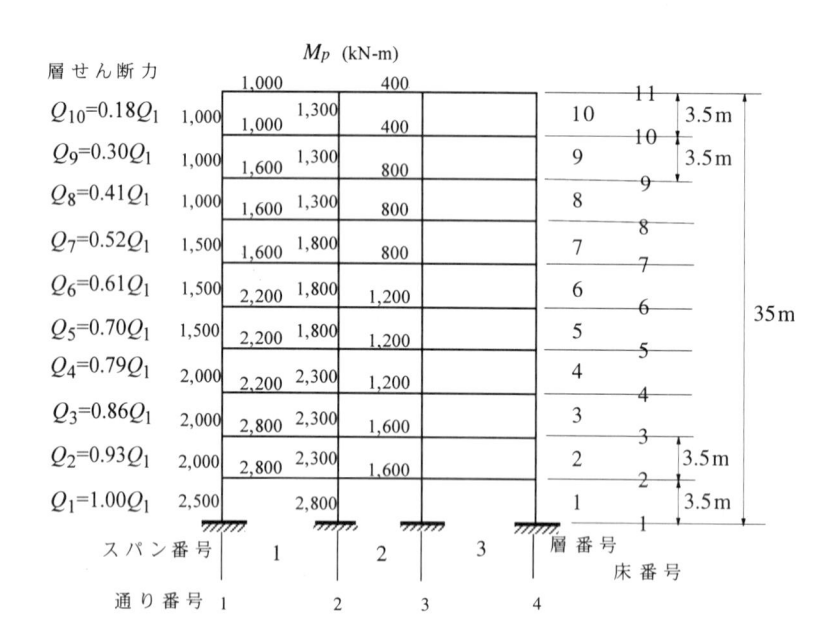

演習図-8.1

第1ステップ（全体崩壊機構を仮定）

層	床	節点モーメント M_{ij} 1通り　2通り	フロアモーメント M_{Fi}	層モーメント $\alpha_i Q_1 h_i$	分配モーメント 柱頭 M_{Ti} / 柱脚 M_{Bi}	柱モーメント $\sum_{j=1}^{4} C_{i,j}$	柱の塑性条件 柱頭 $\|M_T\|/\sum C_{i,j}$ / 柱脚 $\|M_B\|/\sum C_{i,j}$
	11	1,000 — 1,300	4,600				
10				3,040	4,600 / −1,560	4,600	1.00 / 0.34
	10	1( ) — 1,400	7( )				
9				10( )	13( ) / 14( )	19( )	22( ) / 23( )
	9	1,600 — 2,400	8,000				
8				6,924	9,293 / −2,369	4,600	2.02 / 0.52
	8	1,600 — 2( )	8,000				
7				8,782	10,369 / −1,587	6,600	1.57 / 0.24
	7	3( ) — 2,400	8( )				
6				11( )	15( ) / 16( )	20( )	24( ) / 25( )
	6	2,200 — 3,400	11,200				
5				11,822	10,485 / 1,337	6,600	1.59 / 0.20
	5	2,200 — 4( )	11,200				
4				13,342	9,863 / 3,479	8,600	1.15 / 0.40
	4	5( ) — 3,400	9( )				
3				12( )	17( ) / 18( )	21( )	26( ) / 27( )
	3	2,800 — 4,400	14,400				
2				15,707	7,597 / 8,110	8,600	0.88 / 0.94
	2	2,800 — 6( )	14,400				
1				16,889	6,290 / 10,599	10,600	0.59 / 1.00
	1						

$$Q_1 = \frac{\sum_{j=1}^{4} C_{1,j} + \sum_{i=2}^{11} M_{Fi}}{\sum_{i=1}^{10} \alpha_i h_i} = {}^{28}(\qquad)\text{kN}$$

第1ステップの計算表によると、柱の脚部はすべての層で塑性条件が満たされているが、柱の頭部は第4層、第5層、第6層、第7層、第8層、第9層で塑性条件が満たされていない。このうち、塑性条件からもっとも大きく外れているのは第 [29]( ) 層である。

第8章「モーメント分配法と下界定理」

第2ステップ

層	床	フロアモーメント M_{Fi}	層モーメント $\alpha_i Q_1 h_i$	分配モーメント 柱頭 M_{Ti} 柱脚 M_{Bi}	柱モーメント $\sum_{j=1}^{4} C_{i,j}$	柱の塑性条件 柱頭 $\|M_T\|/\sum C_{i,j}$ 柱脚 $\|M_B\|/\sum C_{i,j}$
	9					
8	8	8,000	6,594	4,600 1,994	4,600	1.00 0.43
7	7	30( )	8,363	6,006 2,357	6,600	0.91 0.36
6	6	11,200	32( )	34( ) 35( )	38( )	40( ) 41( )
5	5	11,200	11,258	7,033 4,225	6,600	1.07 0.64
4	4	31( )	12,705	6,975 5,730	8,600	0.81 0.67
3	3	14,400	33( )	36( ) 37( )	39( )	42( ) 43( )
2	2	14,400	14,957	6,039 8,918	8,600	0.70 1.04
1	1		16,082	5,482 10,600	10,600	0.52 1.00

$$Q_1 = \frac{\sum_{j=1}^{4} C_{1,j} + \sum_{j=1}^{4} C_{8,j} + \sum_{i=2}^{8} M_{Fi}}{\sum_{i=1}^{8} \alpha_i h_i} = {}^{44}(\quad)\text{kN}$$

　第2ステップの計算表によると、柱の脚部は第2層で塑性条件が満たされていない。柱の頭部は第5層で塑性条件が満たされていない。

第3ステップ

層	床	フロアモーメント M_{Fi}	層モーメント $\alpha_i Q_1 h_i$	分配モーメント 柱頭 M_{Ti} 柱脚 M_{Bi}	柱モーメント $\sum_{j=1}^{4} C_{i,j}$	柱の塑性条件 柱頭 $\|M_{Ti}\|/\sum C_{i,j}$ 柱脚 $\|M_{Bi}\|/\sum C_{i,j}$
5	6	11,200	11,098	6,600 4,498	6,600	1.00 0.68
	5					
4		45( )	12,524	6,702 5,822	8,600	0.78 0.68
	4					
3		14,400	46( )	47( ) 48( )	49( )	50( ) 51( )
	3					
2			14,744	6,144 8,600	8,600	0.71 1.00
	2					

$$Q_1 = \frac{\sum_{j=1}^{4} C_{2,j} + \sum_{j=1}^{4} C_{5,j} + \sum_{i=3}^{5} M_{Fi}}{\sum_{i=2}^{5} \alpha_i h_i} = {}^{52}(\qquad)\text{kN}$$

第3ステップの計算表によると、柱の脚部と頭部はすべての層で塑性条件が満たされている。

結論

以上の計算により、真の崩壊機構は、第 53( )層から第 54( )層の間に塑性ヒンジが生じて崩壊する部分崩壊機構であり、真の崩壊荷重は $Q_1 =$ 55( )kNである。

8.2) 図に示す駅ビルがある。列車が脱線して柱に激突する非常事態においても建物が崩壊しないようにしておくにはどのように構造設計しておけばよいか，図や式を用いながらアイデアを述べよ。ただし，線路に隣接する1階の3本の柱のうち1本だけが破壊喪失する場合を考えればよいものとする。

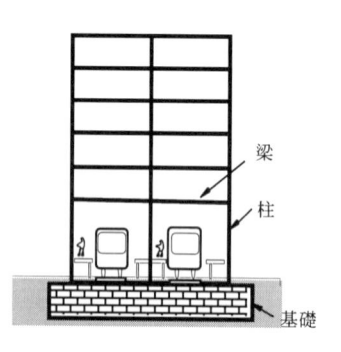

演習図-8.2

第 9 章

板の塑性解析

9.1 降伏線理論

今までは、柱、梁、筋かいなどの線材と呼ばれる構造要素、およびそれらで構成される骨組の塑性解析について学んだ。ここでは、床や壁などの平板の崩壊荷重を計算する方法について解説する。

先ず、はじめに図-9.1(a)に示す$a \times b$の長方形板を考えてみよう。周辺の支持条件は、相対する2辺が固定され、他の2辺が自由となっている。これは両端固定梁の幅が大きくなった場合と考えることができ、1方向にのみ曲げが作用する板となる。このような板は**1方向板** (plate strip) と呼ばれる。この板に等分布荷重wが作用するとき、板が崩壊するときの荷重w_uを求めてみよう。崩壊機構は図(b)のようになることが梁との類似性から直ちに予想される。梁と異なるのは、降伏する部分が点ではなく、図の太破線で示す直線となることである。これを**降伏線** (yield line) という。降伏線の単位長さあたりの全塑性モーメントをm_pとして、崩壊荷重を仮想仕事法で計算すると次のようになる。

図(b)に示すような仮想回転角θを固定支持された辺の降伏線に与えると、板の中央の降伏線の回転角は2θとなり、中央の仮想変位は$\frac{a}{2}\theta$となる。したがって、外力w_uのする仮想仕事Wは次式で表される。

$$W = (w_u ab)\frac{1}{2}\left(0 + \frac{a}{2}\theta\right) = \frac{1}{4}w_u a^2 b\theta \tag{9.1}$$

一方、内力m_pのする仮想仕事Uは次式で表される。

$$U = m_p b\theta + m_p b 2\theta + m_p b\theta = 4 m_p b\theta \tag{9.2}$$

仮想仕事式 $W = U$ に上式を代入すると、崩壊荷重が次のように求められる。

$$w_u = 16\frac{m_p}{a^2} \tag{9.3}$$

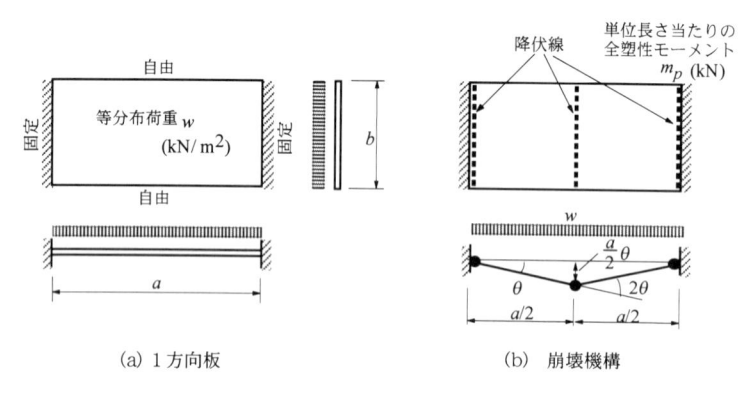

図-9.1　1方向板とその崩壊機構

　以上のように、降伏線を仮定し仮想仕事の原理に基づいて板の崩壊荷重を求める理論を**降伏線理論** (yield line theory) と呼んでいる。降伏線理論はデンマークのヨハンセン (K. W. Johansen) が自身の博士論文の中で確立したものである（1943年）。この降伏線理論によって得られた崩壊荷重は、既に学んだ上界定理により、真の崩壊荷重を過大評価する可能性がある。それを防ぐには、仮定した崩壊機構が塑性条件を満たしていることを確認しなければならない。しかし、板のいかなる位置においても曲げモーメント m が全塑性モーメント m_p を超えていないこと（$m \leq m_p$）を検証するには、かなり複雑な計算が強いられ数値解析に頼らざるを得ない。ここでは、その問題には立ち入らないこととし、専門書に譲ることにする。

9.2 板の崩壊機構と崩壊荷重

　降伏線理論を使って、2方向に曲げが作用する一般の**平板** (flat plate) の塑性解析を行ってみよう。先ず、もっとも簡単な例として、図-9.2(a)に示す$a \times a$の正方形板が等分布荷重を受ける場合の崩壊荷重を計算してみよう。板の4辺は単純支持されているものとする。また、板は**均質** (homogeneous) かつ**等方** (isotropic) とする。すなわち、板の単位長さ当たりの全塑性モーメントm_pは板のどの位置においても、またどの方向においても同じ値をとる。

　板が塑性崩壊して運動ができる崩壊機構は、対称性を考えると、図(b)のようになる。これは、正方形板の対角線に降伏線ができ、板全体が4角錐の形に運動して崩壊することを表している。支持辺での仮想回転角をθとすると、板の中心の仮想変位は$\frac{a}{2}\theta$である。すると、板の隅Aから対角線AOに沿ってx離れた位置における仮想変位は、比例関係により、$\frac{a}{2}\theta \cdot \frac{x}{a/\sqrt{2}} = \frac{x}{\sqrt{2}}\theta$である。その対角線に垂直な板の線素BCの端部における仮想回転角をθ_1とすると、$\theta_1 = \frac{x}{\sqrt{2}}\theta \frac{1}{x} = \frac{\theta}{\sqrt{2}}$となる。したがって、降伏線の仮想回転角は$2\theta_1 = \sqrt{2}\theta$である。

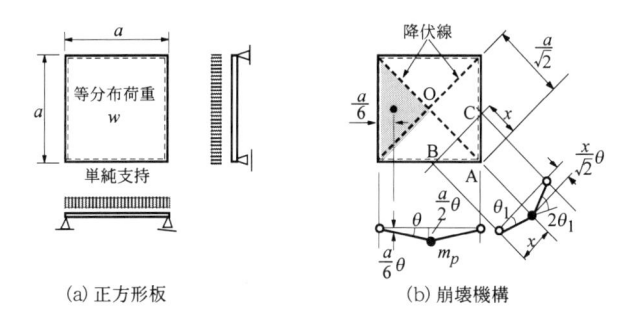

(a) 正方形板　　(b) 崩壊機構

図-9.2　等分布荷重を受ける正方形板

　外力仕事は、次のように計算される。これは、対角線で区切られる4つの三角形それぞれについて、等分布荷重の合力が辺から$\frac{a}{6}$のところにあることを用

いれば簡単に導かれる。

$$W = \left(w_u a^2\right) \cdot \frac{a}{6}\theta = \frac{1}{6}w_u a^3 \theta \tag{9.4}$$

次に、内力仕事は、降伏線の単位長さ当たりの全塑性モーメントがm_pで、回転角が上で導いた$\sqrt{2}\theta$であることから、次式となる。

$$U = \left(m_p \frac{a}{\sqrt{2}} \cdot 4\right)\sqrt{2}\theta = 4m_p a\theta \tag{9.5}$$

仮想仕事式$W=U$より、次の崩壊荷重が得られる。

$$w_u = 24\frac{m_p}{a^2} \tag{9.6}$$

これが真の崩壊荷重であるか否かは、仮定した崩壊機構が塑性条件を満たしているか否かを検討してはじめて明かとなるが、このような簡単な板の場合でもその確認に要する計算は煩雑である。結果的には、上で仮定した対角線方向に降伏線が形成される崩壊機構は真の崩壊機構で、それから導かれた崩壊荷重は真の崩壊荷重となっている。

もう一つ例題を解いてみよう。図-9.3(a)は等分布荷重を受ける$a \times na$の4辺が単純支持された長方形板である。辺長比nは$n \geq 1$とする。崩壊機構は対称性から図(b)のように描くことができる。ただし、隅から伸びる降伏線の角度φは未知数である。仮想変位として、短辺における回転角をθとすると、幾何学的関係から図に示すように他の仮想変位が決まる。

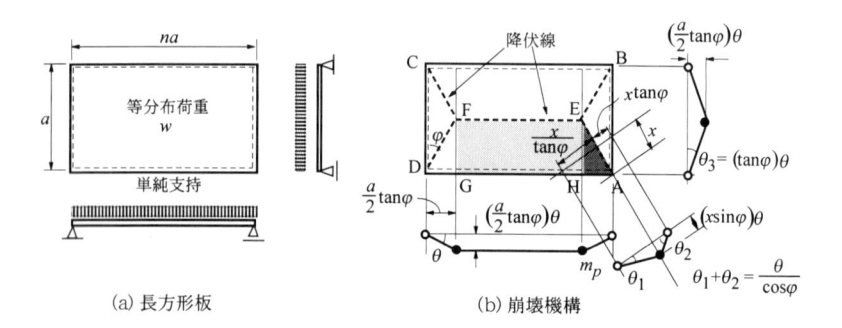

図-9.3 等分布荷重を受ける長方形板

9.2 板の崩壊機構と崩壊荷重

外力仕事を△AEHと□EFGHの部分に分けて計算してみよう。それぞれを W_1, W_2 とすると、

$$W_1 = w_u \left[\frac{1}{2} \frac{a}{2} \left(\frac{a}{2} \tan\varphi \right) \right] \cdot \left[\frac{1}{3} \left(\frac{a}{2} \tan\varphi \right) \theta \right] = \frac{1}{48} a^3 \tan^2\varphi \cdot w_u \theta$$

$$W_2 = w_u \left[\frac{a}{2} \left(na - 2 \cdot \frac{a}{2} \tan\varphi \right) \right] \cdot \left[\frac{1}{2} \left(\frac{a}{2} \tan\varphi \right) \theta \right] = \frac{1}{8} a^3 (n - \tan\varphi) \tan\varphi \cdot w_u \theta$$

となるので、全体の外力仕事は次式で表される。

$$W = 8W_1 + 2W_2 = \frac{1}{12} a^3 \tan\varphi (3n - \tan\varphi) w_u \theta \tag{9.7}$$

次に、内力仕事を降伏線AEとEFに分けて計算すると、仮想回転角がそれぞれ $\frac{\theta}{\cos\varphi}$ と $2\tan\varphi \cdot \theta$ となるので、それぞれの内力仕事 U_1, U_2 は、

$$U_1 = m_p \frac{a}{2\cos\varphi} \frac{\theta}{\cos\varphi} = \frac{a}{2} \frac{m_p}{\cos^2\varphi} \theta$$

$$U_2 = m_p \left(na - 2 \frac{a}{2} \tan\varphi \right) \cdot 2\tan\varphi \cdot \theta = 2a \tan\varphi (n - \tan\varphi) m_p \theta$$

となる。したがって、全体の内力仕事は

$$U = 4U_1 + U_2 = 2a \left\{ \frac{1}{\cos^2\varphi} + \tan\varphi (n - \tan\varphi) \right\} m_p \theta = 2a(1 + n\tan\varphi) m_p \theta \tag{9.8}$$

である。仮想仕事式 $W = U$ に上式を代入して、w_u について解くと、次の崩壊荷重が得られる。

$$w_u = \frac{24 m_p}{a^2} \cdot \frac{1 + n\tan\varphi}{\tan\varphi (3n - \tan\varphi)}$$

上界定理により、最小の崩壊荷重が真の崩壊荷重となるので、$\frac{dw}{d\varphi} = 0$ となるように未知数 φ を決める必要がある。ここで、

$$\tan\varphi = \xi \qquad f(\varphi) = \frac{1 + n\tan\varphi}{\tan\varphi (3n - \tan\varphi)} = \frac{1 + n\xi}{\xi(3n - \xi)}$$

とおいて、$\frac{df}{d\varphi} = 0$ を計算すると次のようになる。

$$\frac{df}{d\varphi} = \frac{df}{d\xi} \frac{d\xi}{d\varphi} = \frac{n \cdot \xi(3n - \xi) - (1 + n\xi)(3n - 2\xi)}{[\xi(3n - \xi)]^2} \cdot \frac{1}{\cos^2\varphi} = 0$$

これを ξ について解くと、

$$n\xi^2 + 2\xi - 3n = 0 \qquad \therefore \xi = \frac{-1 + \sqrt{1 + 3n^2}}{n}$$

が得られる。これを上の式に代入すると、次の崩壊荷重が得られる。

$$w_u = \frac{24m_p}{a^2} \cdot \frac{1+n\xi}{\xi(3n-\xi)} = \frac{24m_p}{a^2} \cdot \frac{1+n\xi}{\xi(n\xi^2+\xi)} = \frac{24m_p}{a^2} \cdot \frac{1}{\xi^2}$$

$$\therefore w_u = \frac{24m_p}{a^2} \cdot \left(\frac{n}{\sqrt{1+3n^2}-1}\right)^2 \quad (9.9)$$

$n=1$ を上式に代入すると、$w_u = \dfrac{24m_p}{a^2}$ となり、前に求めた4辺単純支持正方形板の解に一致する。また、$n=\infty$ とすると、$w_u = \dfrac{8m_p}{a^2}$ となり、これは短辺方向の1方向板（両端ピン支持）の崩壊荷重に一致する。

この例題においても注意しなければならないのは、(9.9)式の崩壊荷重はあくまでも図-7.3(b)のように仮定した崩壊機構での荷重であるので、真の崩壊荷重より大きい可能性があるということである。

等分布荷重を受ける等質等方な長方形板の崩壊機構は周辺の支持条件に応じて図-9.4のようになることが知られているので、降伏線理論を用いて板の塑性解析を行うときは参考になる。

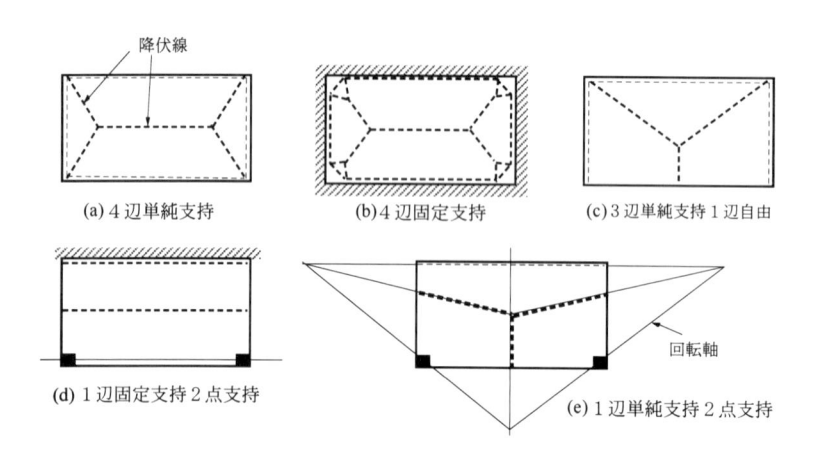

図-9.4 等分布荷重を受ける長方形板の崩壊機構

演習問題

9.1) 4辺が単純支持された$a \times a$の正方形の床の中央に正方形断面$b \times b$の柱が載っている。柱に鉛直荷重Pが作用するときの崩壊荷重P_uを求めよ。床は等方等質で単位長さ当たりの全塑性モーメントをm_pとする。なお、柱は床に剛接合されているものとし、柱は剛とする。

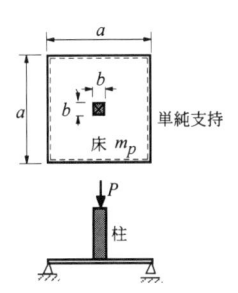

演習図-9.1

9.2) 図に示すように、辺の長さが$2a$と$4a$の長方形板ABCDの中央に長さ$2a$の剛な板が垂直に溶接されている。この剛板を介して長方形板に垂直な中央集中荷重Pが作用している。長方形板は4辺が固定された等方等質板とし、単位長さ当たりの全塑性モーメントをm_pとする。このとき、崩壊荷重P_uを求めよ。なお、剛板の厚みは無視してよい。

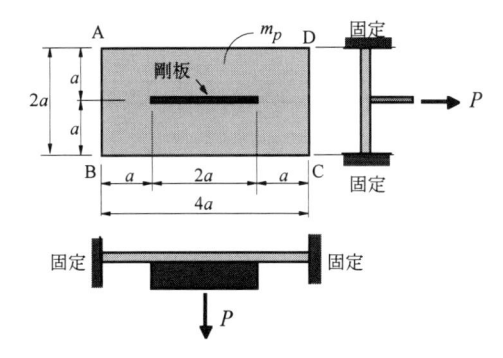

演習図-9.2

第10章

塑性設計法

10.1 構造設計法の仕組み

10.1.1 構造設計法の構成

塑性設計法は大地震に対する安全性を確認する手法として使われることが多いが、原理的には、その他の荷重に関しても統一的に運用することが可能である。**弾性設計法**（許容応力度設計法）と対比して**塑性設計法**（終局耐力設計法）の概要を説明しておく。

構造物を設計する方法すなわち**構造設計法**は、それが弾性設計であろうが塑性設計であろうが、次の3項目から構成されている。

（1）設計荷重

（2）構造解析

（3）設計規範

この3項目それぞれについて、弾性設計と塑性設計がどのように異なっているかが、表-10.1に整理されている。

10.1.2 設計荷重

先ず、設計で用いる荷重すなわち**設計荷重**(design load)について説明しよう。設計荷重は、種類、組合せ、および大きさで決まる。このほかに大切なものと

して、荷重を建物にどのように作用させるかという荷重モデルの問題があるが、これについては構造モデルと適合するモデル化をするなど、基本的には設計者の判断に委ねられている。

表-10.1 弾性設計法と塑性設計法

	弾性設計 （許容応力度設計）	塑性設計 （終局耐力設計）
設計荷重	公称荷重 D + L （長期） D + L + S （短期） D + L + W （短期） D + L + E （短期） D：固定荷重　L：積載荷重　S：積雪荷重 W：風荷重　E：地震荷重	係数倍荷重 （係数×公称荷重） 1.1D + 1.6L 1.1D + 0.6L + 1.6S 1.1D + 0.6L + 1.6W 1.1D + 0.4L + 2.0E
構造解析	弾性解析 曲げモーメント図	塑性解析 崩壊機構図
設計規範	作用応力度≦許容応力度 （長期、短期）	崩壊荷重≧係数倍荷重

　第1の**荷重の種類** (classification of load) は、弾性設計でも塑性設計でも基本的に同じであり、**固定荷重** (dead load, Dで表す)、**積載荷重** (live load, L)、**積雪荷重** (snow load, S)、**風荷重** (wind load, W)、**地震荷重** (earthquake load, E)の5つが主な荷重として考慮される。これ以外にも建物の状況に応じて、土圧や水圧、温度変化による熱荷重、機械による動的あるいは衝撃的荷重・繰返し荷重などをあわせ考えることがある。

第2の**荷重の組合せ** (combination of load) についても、弾性設計と塑性設計で共通である。すなわち、固定荷重と積載荷重は重力によって常時作用していると考え、この恒常的荷重に自然変異によって生じる積雪荷重と風荷重、地震荷重が付加されると考える。このとき、雪と風と地震の同時性は考えない（ただし、積雪期間の長い多雪地域では、積雪荷重を積載荷重と同等に扱い、風や地震との同時性を考慮することがある）。

　第3の**荷重の大きさ** (intensity of load) については、弾性設計と塑性設計で根本的に異っている。弾性設計で用いる設計荷重は、**公称荷重** (nominal load) と呼ばれ、その大きさは昔からの慣例を引き継いだものもあり、あるいは統計的な検討に基づくものもある。後者の場合は、建物の**供用年数** (lifetime)、例えば50年を**再現期間** (return period) とする荷重の大きさを参照して定められる。弾性設計は構造物の弾性限を限界とする設計であるので、再現期間としては比較的短い期間を採用し、荷重も極端に大きな値を設定しない。これに対して、塑性設計で用いる設計荷重は、**終局荷重** (ultimate load) と呼ばれ、理論的に起こりうる極限の大きさが採用されたり、あるいは、再現期間を例えば500年というような長い期間とすることもある。したがって、塑性設計用荷重は弾性設計用荷重より大きい。これは、塑性設計が構造物の終局耐力を限界とし安全性を確保することを目標としていることと呼応している。実際の設計における終局荷重は公称荷重に**荷重係数** (load factor) と呼ばれる係数を乗じたものを用いる。このことから塑性設計用の荷重は**係数倍荷重** (factored load) といわれる。表-10.1には具体的な係数値が与えられているが、数値そのものは、公称荷重の設定や自然災害の統計によって左右されるので、一概に決まるものではない。表では、固定荷重に掛かる係数が1.1で比較的小さな値となっているが、これは固定荷重の時系列変化が小さいことや設計計算における固定荷重の見積り精度が高く統計的なばらつきが小さいことに起因している。これに対して、積載荷重の係数1.6はばらつきが大きいことを反映したものである。ただし、雪・風・地震荷重と組み合される場合の積載荷重は公称荷重よりも小さくなる。これは、

豪雪・台風・大地震などの気象上の突発的変化が起こるときに、積載荷重が満載状態より統計的に小さいことを考慮したものである。なお、積雪荷重S、風荷重W、地震荷重Eに掛かる係数のうち、Eの係数が大きいのは、大地震による荷重の大きさが他の荷重に比べて**統計的に不確か** (statistically uncertain) であることによるものである。

ここで、再現期間について補足説明をしておこう。荷重が**ベルヌイ試行** (Bernoulli sequence) に従って生起するとき、ある大きさの荷重が単位期間（例えば1年間）に発生する確率pと再現期間$\bar{T}$の間には$p = \dfrac{1}{\bar{T}}$の関係がある。これは、再現期間として長い期間を採用すると、発生確率の低い荷重すなわち値の大きな荷重を採用することを意味している。建物にあるレベルD_i以上の被害をもたらす大きさをもった荷重の再現期間を$\bar{T}_i$としたとき、その荷重が建物供用期間tの間に起こらない確率すなわちD_i以上の被害が生じない確率（これを**非超過確率**という）は、$\left(1-\dfrac{1}{\bar{T}_i}\right)^t$で表される。例えば、$D_i$を建物崩壊とし、再現期間500年、建物供用期間50年とすると、非超過確率（この場合は崩壊を免れる確率）は0.905となる。

10.1.3 構造解析

荷重の作用によって構造物に生じる応力や変形を計算することを**構造解析** (structural analysis) という。その方法は、弾性設計と塑性設計で全く異なり、それぞれ弾性解析と塑性解析の方法が採られる。

弾性解析 (elastic analysis) では、公称荷重によって骨組に生じる曲げモーメントや軸力、せん断力を計算し、部材ごとに最大の**作用応力度** (working stress) を計算する。このとき、弾性構造物では荷重と応力が線形関係にあるので**重ね合わせの原理** (principle of superposition) が成立する。したがって、単一荷重ごとに算定された応力度を足し合わせることによって、組合せ荷重での応力度を求めることができる。

塑性解析 (plastic analysis) では、係数倍荷重を組合せて作用させ、崩壊荷重を算定する。塑性系では重ね合わせの原理が適用できないので、荷重を組合わせた状態で作用させる必要がある。このとき、作用させる荷重は、係数倍荷重をそれぞれ基準にして比例的に増大するものとする。例えば、固定荷重がその係数倍荷重のα倍であれば、積載荷重もその係数倍荷重のα倍とする。ただし、地震荷重に対する安全性を検討するときは、固定荷重と積載荷重はその係数倍荷重を維持したまま、地震荷重のみを増加させて地震崩壊荷重を計算する。

10.1.4　設計規範

　荷重が作用したとき構造物が健全性あるいは安全性を維持していることを判定する合否の判定基準を**設計規範** (design criterion) という。これは、荷重によって構造物の性能が**限界状態** (limit state) を超えないことを規定したもので、設計規範は不等式で表される。限界状態には、いろいろな状態がある。例えば、弾性限界、座屈限界、損傷限界、終局限界などで、これらを限界状態とする設計では、それぞれ、降伏、座屈、損傷、崩壊が起こると不合格となる。その場合には、設計規範が満たされるように設計変更が必要となる。

　弾性設計は許容応力度設計とも呼ばれているように、その設計規範は「作用応力度が許容応力度を超えないこと」となる。我が国の許容応力度設計では、荷重の組合せを長期と短期に分け、短期荷重（D+L+S, D+L+W, D+L+E）に対する短期許容応力度は弾性限応力度（降伏応力度のほかに座屈応力度、すべり応力度、ひび割れ応力度などを含んだ広義の弾性限応力度）とし、長期荷重（D+L）に対する長期許容応力度は弾性限応力度を安全率（鋼構造では1.5）で除した値を採用している。もし、構造解析で得られた部材の最大応力度が許容応力度を超えていれば、不合格となる。そのときには、不合格となった部材の断面サイズを大きくしたり、あるいは強度の高い材料に変更したりする必要がある。逆に、作用応力度が許容応力度よりもはるかに小さい場合には、不経

済な設計となっているので、部材のサイズを小さくするであろう。ここで、注意しなければならないのは、部材のサイズを変更すると、骨組の剛性が変化するので、曲げモーメントなどの応力分布が変化してしまうということである。例えば、許容応力度をオーバーしている部材の応力度を低減するためにその部材のサイズを大きくすると、かえって、その部材の応力度が増え、設計規範を満たすことができないというようなことが起こりうる。したがって、許容応力度設計は、部材のサイズ決定と設計規範の確認の過程で何回かの試行錯誤が必要となる。コンピュータによる自動設計のシステムでは、このような反復計算が自動的に行われるようになっている。

　塑性設計の設計規範は「係数倍荷重が崩壊荷重を超えないこと」となる。この規範を満たすことができないときは、当該崩壊機構に関わる塑性ヒンジが形成される部材のサイズを大きくするか、あるいは強度の高い材料に変更すればよい。このとき、弾性設計と異なるのは、部材のサイズを大きくすると、崩壊荷重は変化しないか、あるいは上昇し、決して低下することはないということである。これは下界定理によるものである。このように、弾性設計では補強すると計算上弱くなる構造物があるのに対して、塑性設計ではそのような不可解な現象は生じない。これについては演習問題10.1で具体的に検討してみよう。

10.2　簡単な骨組の塑性設計

　図-10.1に示す簡単な鋼構造骨組を塑性設計してみよう。荷重の組合せとしては、簡単のため、次の2つを設計条件とする。それぞれの荷重条件における荷重の大きさは図に示されているとおりである。

　　　　　荷重条件(1)：1.1D+1.6L

　　　　　荷重条件(2)：1.1D+0.4L+2.0E

10.2 簡単な骨組の塑性設計

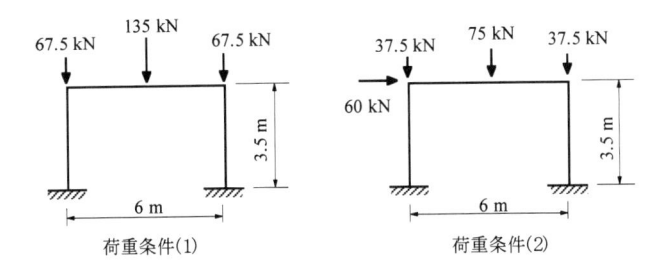

図-10.1 荷重条件

先ず、荷重条件(1)に対して、骨組が崩壊しないための条件の一つとして、図-10.2(a)に示すように梁が崩壊しないことが挙げられる。梁の全塑性モーメントを M_{pb} とすると、仮想回転角 θ に対して、内力仕事 $U = 4M_{pb}\theta$ が外力仕事 $W = Pl\theta$ より大きければ、この梁崩壊の機構は起こらないので、次の条件が得られる。

$$4M_{pb}\theta \geq Pl\theta \qquad \therefore M_{pb} \geq \frac{1}{4}Pl = \frac{1}{4} \times 135 \times 3 = 101.25 (\text{kN} \cdot \text{m})$$

次に、荷重条件(2)に対して、骨組が崩壊しないための条件の一つとして、図(b)に示す柱崩壊が起こらないようにする必要がある。柱の全塑性モーメントを M_{pc} とすると、非崩壊の条件式 $U \geq W$ に、内力仕事 $U = 4M_{pc}\theta$、外力仕事 $W = Qh\theta$ を代入すると、次の条件が得られる。

$$4M_{pc}\theta \geq Qh\theta \qquad \therefore M_{pc} \geq \frac{1}{4}Qh = \frac{1}{4} \times 60 \times 3.5 = 52.5 (\text{kN} \cdot \text{m})$$

上の結果をみると、$M_{pb} \geq M_{pc}$ であるので、図(a)の崩壊荷重は両端で梁側ではなく柱側に塑性ヒンジができるので、図(c)のように見直す必要がある。

$$2M_{pc}\theta + 2M_{pb}\theta \geq Pl\theta$$

$$\therefore M_{pb} \geq \frac{1}{2}Pl - M_{pc} = \frac{1}{2} \times 135 \times 3 - 52.5 = 150 (\text{kN} \cdot \text{m})$$

以上より、梁と柱に要求される全塑性モーメントの最小値はそれぞれ、

$$M_{pb} = 150 (\text{kN} \cdot \text{m}), \quad M_{pc} = 52.5 (\text{kN} \cdot \text{m}) となる。$$

となる。ただし、荷重条件(2)については、図(d)の崩壊機構があるので、その

崩壊機構が起こらないことを確認しておく。

$$U = 4M_{pc}\theta + 2M_{pb}\theta = (4\times 52.5 + 2\times 150)\theta = 510\theta$$

$$W = Pl\theta + Qh\theta = (75\times 3 + 60\times 3.5)\theta = 435\theta$$

$U \geq W$ であることから、図(d)の崩壊機構は起こらないことがわかる。

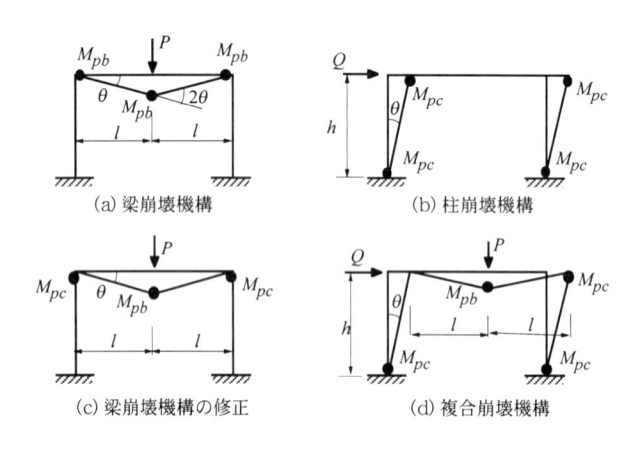

図-10.2　崩壊機構

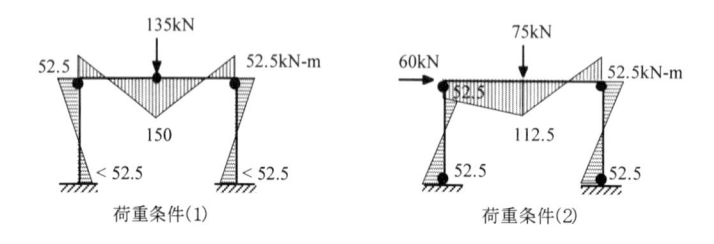

図-10.3　崩壊時の曲げモーメント分布

　ここで、念のため塑性条件を確認しておこう。梁と柱の全塑性モーメントをそれぞれ必要最小値 $M_{pb} = 150(\text{kN}\cdot\text{m})$、 $M_{pc} = 52.5(\text{kN}\cdot\text{m})$ として、曲げモーメント分布を描くと、図-10.3のようになる。荷重条件(1)、(2)ともに、塑性条件

が満たされていることがわかる。荷重条件(1)では、柱脚部の曲げモーメントが決まらないが、M_{pc} 以下の曲げモーメントで釣合い状態が確保され、静的許容状態が成立するので問題ないことがわかる。

上で部材に必要な全塑性モーメントが得られたので、次に断面を決定する。材料として、軟鋼（SN400，$\sigma_y = 235\text{N/mm}^2$）を使用すると、必要な塑性断面係数の値は、次の値となる。

梁：$Z_{pb} = \dfrac{M_{pb}}{\sigma_y} = \dfrac{150 \times 10^6 (\text{N} \cdot \text{mm})}{235(\text{N/mm}^2)} = 638{,}000 \text{mm}^3$

柱：$Z_{pc} = \dfrac{M_{pc}}{\sigma_y} = \dfrac{52.5 \times 10^6 (\text{N} \cdot \text{mm})}{235(\text{N/mm}^2)} = 223{,}000 \text{mm}^3$

鋼材のカタログから、次のH形鋼を選んでみる。

梁：H-350×175×7×11（$Z_p = 864{,}000 \text{mm}^3$、$A = 6{,}290 \text{mm}^2$）

柱：H-175×175×7.5×11（$Z_p = 370{,}000 \text{mm}^3$、$A = 5{,}140 \text{mm}^2$）

ここで選ばれた部材の塑性断面係数は必要値より大きい値を持つが、既に述べたように、これは安全側の設計となる。

なお、柱には圧縮軸力が作用するので、全塑性モーメントの修正が必要である。そこで、第5章のH形断面に関する(5.12)式を用いて補正してみよう。柱に生じる軸力は、

荷重条件(1)では、$N = 135(\text{kN})$

荷重条件(2)では、$N = 75 + \dfrac{2M_{pc}}{2l} = 75 + \dfrac{52.5}{3} = 92.5(\text{kN})$

となる。荷重条件(1)のほうが大きい軸力であるので、これを用いると、

$\dfrac{N}{N_y} = \dfrac{135{,}000}{235 \times 5{,}140} = 0.112$ 　　　 $\dfrac{A_w}{2A} = \dfrac{(175 - 2 \times 11) \times 7.5}{2 \times 5{,}140} = 0.112$

となる。したがって、$\dfrac{N}{N_y} \leq \dfrac{A_w}{2A}$ より、$M_{pc} = M_p$ となり、この場合には軸力による全塑性モーメントの低減は必要ないことがわかる。

この例題では、簡単な構造物の塑性設計例を示したが、もっと複雑な構造物では第8章で学んだモーメント分配法などの塑性解析の手法を用いることになる。

10.3 最適塑性設計

　設計荷重に対して骨組を崩壊させないことだけが目的であれば、部材の断面を法外な巨大サイズにしてしまえば目的は達成できる。しかし、このような経済性を無視した設計は許されない。崩壊を防止して**安全性** (safety) を確保すると同時に、使用材料を最小にする**経済性** (saving) の視点も大切である。このような設計は**最適設計** (optimum design) または**最小重量設計** (minimum weight design) と呼ばれる。最適塑性設計では、下記(1)の**拘束条件** (constraints) を守り、(2)の**目的関数** (objective function) を最小化することによって達成される。

（1）拘束条件：あらゆる可能な崩壊機構が一つも起こらないこと。これは、その崩壊機構において与えられた仮想変位に対する内力仕事Uが外力仕事W以上であることにより満たされる。すなわち、任意の崩壊機構に対して、

$$U \geq W \tag{10.1}$$

となることが拘束条件となる。

（2）目的関数：骨組を建設するに要する費用を目的関数とするのが説得力があるが、建設費用は構造設計と必ずしも1対1に対応しないので、構造部材の全重量を目的関数とすることによって定量的な扱いが可能になる。さらに、部材の重量が全塑性モーメントと部材長さの積に比例すると仮定すれば、目的関数が次のように簡単に表現できる。

$$F = c\sum_{i=1}^{n} M_{pi} L_i \tag{10.2}$$

ここで、iは部材、M_{pi}はその全塑性モーメント、L_iはその長さ、nは部材の総数、cは比例定数である。

10.3 最適塑性設計

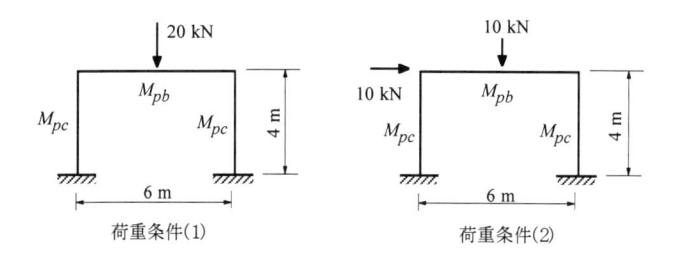

図-10.4 最適塑性設計の例題

以上の最適塑性設計をどのように実行するかを図-10.4の例題で説明しよう。この骨組は荷重条件(1)と(2)に対して崩壊してはならず、骨組の総重量を表す次の目的関数

$$F = 6M_{pb} + 8M_{pc}$$

を最小化することが求められる。M_{pb}, M_{pc} はそれぞれ梁と柱の全塑性モーメントで、係数6, 8は梁と柱2本分の長さを表している。

可能な崩壊機構をすべて網羅すると、図-10.5の機構①～機構⑥となる。それぞれについて、崩壊が起こらない条件 $U \geq W$ を調べると次のようになる。

機構①について、

$$4M_{pb}\theta \geq 20 \times 3\theta \qquad \therefore M_{pb} \geq 15$$

機構②について、

$$2M_{pb}\theta + 2M_{pc}\theta \geq 20 \times 3\theta \qquad \therefore M_{pb} + M_{pc} \geq 30$$

機構③について、

$$4M_{pc}\theta \geq 10 \times 4\theta \qquad \therefore M_{pc} \geq 10$$

機構④について、

$$2M_{pb}\theta + 2M_{pc}\theta \geq 10 \times 4\theta \qquad \therefore M_{pb} + M_{pc} \geq 20$$

機構⑤について、

$$2M_{pb}\theta + 4M_{pc}\theta \geq 10 \times 4\theta + 10 \times 3\theta = 70\theta \qquad \therefore M_{pb} + 2M_{pc} \geq 35$$

機構⑥について、

$$4M_{pb}\theta + 2M_{pc}\theta \geq 10 \times 4\theta + 10 \times 3\theta = 70\theta \qquad \therefore 2M_{pb} + M_{pc} \geq 35$$

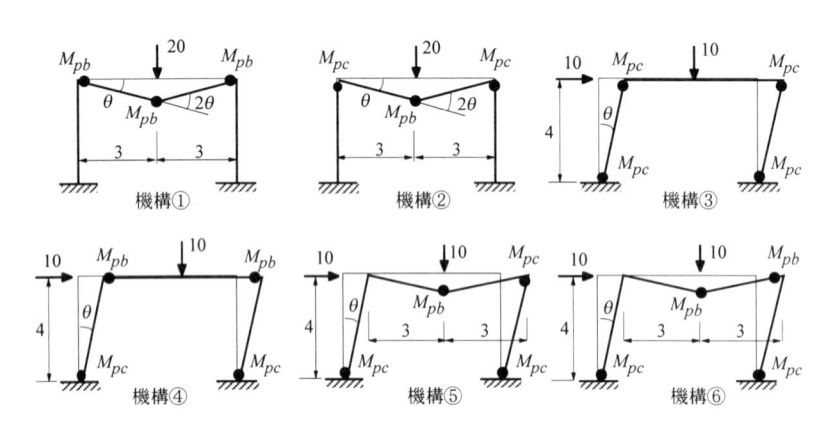

図-10.5　崩壊機構

　以上の不等号で表されるM_{pb}, M_{pc}の条件をグラフで表すと図-10.6のようになる。上の不等号はすべて満たされなければならないので、図の網掛け部が許容される領域、すなわち崩壊が起こらない安全な領域である。この領域にあれば、どのようなM_{pb}, M_{pc}の値をとっても構造物は安全であるが、必要以上に大きな値は不経済である。そこで、上の目的関数を最小化することを考えると、図に書き込んだ目的関数Fが最小になるのは、$M_{pb} = 20, M_{pc} = 10$のときであり、そのときFは最小値200となる。

　この例では、変数がM_{pb}, M_{pc}の2つだけであるので、図解法で最適解が求められた。もっと複雑な構造物では、**線形計画法** (linear programming) という数学的手法を使って最適解を求めることができる。

10.3 最適塑性設計

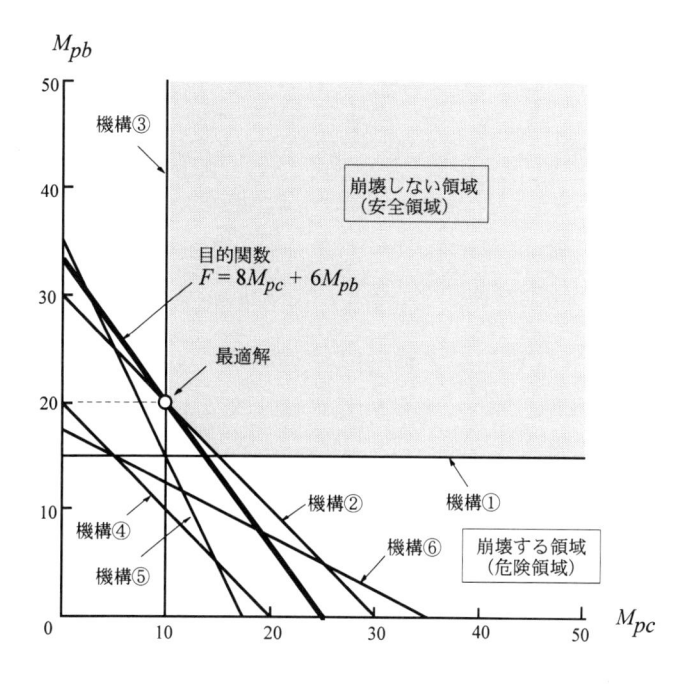

図-10.6 最適解の図解法

第１０章「塑性設計法」

演習問題

10.1) 構造物を補強すると、弾性設計では弱くなることがあるが、塑性設計では弱くなることはない。このことを例示した下の図を見て、設問に答えよ。梁と筋かいの材料は降伏応力度が σ_y(N/mm^2) の完全弾塑性とする。

(1) 図(a)の補強前の片持ち梁の降伏荷重 P_{y1}(N) と崩壊荷重 P_{u1}(N) を σ_y で表せ。

(2) 図(b)の筋かいで補強した片持ち梁において、筋かいと片持ち梁がともに弾性であるとき、筋かいの軸力 N(N) を荷重 P(N) で表せ。

(3) 補強後、筋かいと片持ち梁のいずれが先に降伏するかを判定し、補強後の降伏荷重 P_{y2}(N) を σ_y で表せ。

(4) 補強後の崩壊荷重 P_{u2}(N) を σ_y で表せ。

(5) 構造物が降伏し始めるときの荷重を許容荷重とする弾性設計では、補強によって構造物が弱くなる（許容荷重が低下する）という事態が生じることがある理由を上の例で説明せよ。

(6) 構造物が崩壊するときの荷重を許容荷重とする塑性設計では、補強によって構造物が弱くなることはない（許容荷重が低下しない）という理由を下界定理を使って説明せよ。

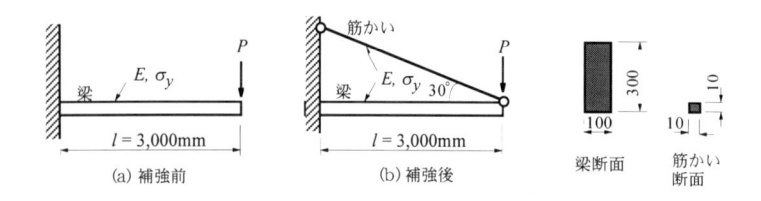

演習図-10.1

10.2) 図に示す骨組の塑性崩壊について問に答えよ。

(1) 可能なすべての崩壊機構を図示せよ。

(2) 柱AB、梁BCの全塑性モーメントをそれぞれ M_c, M_b とするとき、与えられた荷重 P_h, P_v に対して骨組が崩壊せず、しかも $W = 3M_c + 4M_b$ を最小にする M_c, M_b を求めよ。

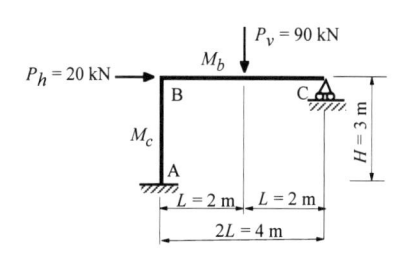

演習図-10.2

演習問題解答

第1章

1.1) 金属製の容器は塑性加工によって作られたものが多い。例えば、アルミの鍋、ステンレスの調理用ボウル、スチール製の車のボディ・ジュースの缶・洗濯機の外板など様々。熱可塑性のプラスチックやガラスの容器も同様である。粘土細工や陶器は土の塑性を利用したものである。

1.2) A) 1.比例または線形、2.消え去り、3.非線形、4.残る、5.降伏荷重、6.常時、7.弾性設計または許容応力度設計；B) 1.線形、2.非線形、3.塑性、4.降伏点、5.降伏応力度または降伏強さ、6.応力－ひずみ曲線、7.弾性域、8.塑性域、9.ゼロ、10.残留ひずみ、11.弾性設計法；C) 1.破壊、2.塑性、3.再配分、4.降伏、5.上昇、6.崩壊機構または崩壊メカニズム、7.崩壊荷重または終局耐力、8.塑性解析、D) 1.荷重または外力、2.終局耐力、3.不経済、4.残留変形、5.崩壊、6.塑性設計法、7.終局耐力設計法あるいは極限設計法

1.3) 不静定構造物は降伏後の応力再配分によって許容応力度設計が暗示するよりも大きな耐力を発揮する。実際の構造物は予見困難な応力集中や2次応力によって局部的な降伏の発生を阻止できない。このことから、いかなる設計においても材料の塑性を考慮せざるを得ない。

第2章

2.1) 並列系：$4A\sigma_y$、直列系：$A\sigma_y$

2.2) $\frac{2}{3\sqrt{3}}\pi a^3 \sigma_y$ （ヒント：純せん断の応力状態になる。完全弾塑性であるから断面の中心から外周までせん断応力度が降伏せん断応力度 τ_y となり、ミーゼスの降伏条件により $\tau_y = \sigma_y/\sqrt{3}$ である。$\int_0^a 2\pi r^2 \tau_y dr$）

2.3) （1）水圧を p とすると（$p<0$）、$\sigma_1 = \sigma_2 = \sigma_3 = p$ （あるいは

$\sigma_X = \sigma_Y = \sigma_Z = p$、$\tau_{XY} = \tau_{YZ} = \tau_{ZX} = 0$）となり、$p$の大きさに関わらず(2.3)式の左辺は0（(2.4)式の左辺も同様に0）となるので、ミーゼスの降伏条件に達しない。したがって、いくら深く沈めても降伏しない。

(2) $\sigma_1 = p + \sigma$、$\sigma_2 = \sigma_3 = p$を(2.3)式に代入すると、$\sigma^2 = \sigma_y^2$となる。すなわち、静水圧が作用しても降伏応力度は変化しない。

第3章

3.1) 材料が完全弾塑性であれば、孔欠損のない軸部が降伏しないので塑性変形がほとんど期待できない。つまり、部材として塑性流れが出現しないので、そのような場合は完全弾塑性部材とはみなせない。

3.2) (1) $N_y = b_0 t \sigma_y$、$N_u = b_0 t \sigma_u$、(2) $\delta_y = \dfrac{3}{2} \varepsilon_y l$、(3) $l_y = 2l\left(1 - \dfrac{\sigma_y}{\sigma_u}\right)$、(4) $\delta_u = 53.7 \delta_y$

第4章

4.1) (1) (c)＞(a)＞(b)の順になる。（理由）最外縁よりも中立軸に近い部分に断面積があるほうが、最外縁から中立軸へ降伏が進行する過程で曲げモーメントの増加が大きい。

(2) (a) $Z_e = \dfrac{\pi}{4} a^3$、$Z_p = \dfrac{4}{3} a^3$、$f = \dfrac{16}{3\pi} = 1.70$；(b) $Z_e = \dfrac{1}{6} a^3$、$Z_p = \dfrac{1}{4} a^3$、$f = \dfrac{3}{2} = 1.5$；(c) $Z_e = \dfrac{\sqrt{2}}{12} a^3$、$Z_p = \dfrac{1}{3\sqrt{2}} a^3$、$f = 2$

4.2) (1) 1.11, (2) 1.10, (3) 1.10, (4) 1.11, (5) 1.11, (6) 1.12, (7) 1.15, (8) 1.13, (9) 1.13, (10) 1.15

4.3) (1) 最外縁降伏から全断面降伏に到るまでに曲げモーメントが増大するため形状係数は1より大きい。(2) 中立軸から十分離れた位置に断面積が集中し、せいの大きい断面の形状係数は限りなく1に近い値をとる。(3) 中立軸の近くに断面積が集中し、せいの大きい断面の形状係数は限りなく大きい値をとる。

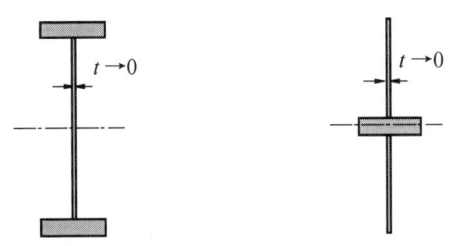

形状係数が限り無く1に近い断面　　　　形状係数が限り無く大きい断面

4.4) 中実断面に孔が空いている断面の塑性断面係数は、中実断面と孔の中立軸が一致するとき、中実断面の塑性断面係数から孔の塑性断面係数を差し引いたものとなる。よって、$Z_{px} = Z_{px(circle)} - Z_{px(square)} = \dfrac{4}{3}R^3 - 2a^3$

4.5) 両端ピン支持の梁は静定構造物であるので梁中間のどこか1ケ所の曲げモーメントが曲げ耐力に達したとき、梁は崩壊する。ジョーンズ博士が梁スパンのちょうど中央に来たとき梁には最大曲げモーメントがその位置に生じ、その大きさは$M_{\max} = 3{,}000\text{N}\cdot\text{m}$である。そのときの軸方向応力度は$0.013\text{N/mm}^2$、平均せん断応力度は$0.023\text{N/mm}^2$で、降伏応力度に比べて十分小さいので、その影響は無視できる。ケース(1)のとき、曲げ耐力は全塑性モーメントと等しく、$M_u = 3{,}750\text{N}\cdot\text{m}$で、$M_u > M_{\max}$であるから梁は崩壊せず、博士は無事橋を渡ることができる。ケース(2)のとき、曲げ耐力は最外縁が破壊応力に達するときの曲げモーメントで、$M_u = 2{,}500\text{N}\cdot\text{m}$で、$M_u < M_{\max}$となるので、梁は崩壊し、博士は橋もろとも転落する。

4.6) 補強前の全塑性モーメントは$M_p = \dfrac{1}{4}bh^2\sigma_y$、梁に生じる最大曲げモーメントが梁中央で$M = \dfrac{PL}{4}$であることから、梁の崩壊荷重は$P_u = \dfrac{bh^2\sigma_y}{L}$である。一方、補強後の全塑性モーメントは、中立軸が下端から$\dfrac{5}{9}h$の位置にくることに気をつけると、$M_p' = \dfrac{29}{81}bh^2\sigma_y$となるので、梁の崩壊荷重は$P_u' = \dfrac{116}{81}\dfrac{bh^2\sigma_y}{L} = 1.43\dfrac{bh^2\sigma_y}{L}$である。すなわち、補強したら崩壊荷重は増える。構造物のほんとうの耐力は、材料に塑性がある限り、最外縁降伏ではなく、塑性崩壊で決まるので、補強したら全塑性モーメントが大きくな

るため必ず強くなる。ただし、材料が脆性破壊する場合には、最外縁応力が破壊応力に達した瞬間に破壊してしまうので、この例のように突起物を付けると弱くなる。

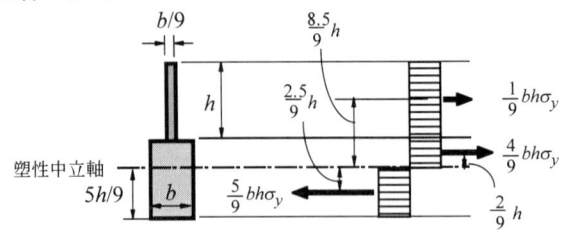

4.7) 引張と圧縮の合力が等しくなければならないので、中立軸は降伏応力度の高い材料Bを通る。断面の上側を圧縮、下側を引張とすると、圧縮合力は $C = C_1 + C_2 = [2\sigma_y(h-x) + \sigma_y h] \cdot b$、引張合力は $T = 2\sigma_y x b$ となり、$C = T$ より、$x = \dfrac{3}{4}h$ となる。したがって、$M_p = T\dfrac{x}{2} + C_1 \dfrac{h-x}{2} + C_2\left(\dfrac{3}{2}h - x\right)$ から、$M_p = \dfrac{11}{8}bh^2\sigma_y$ が得られる。

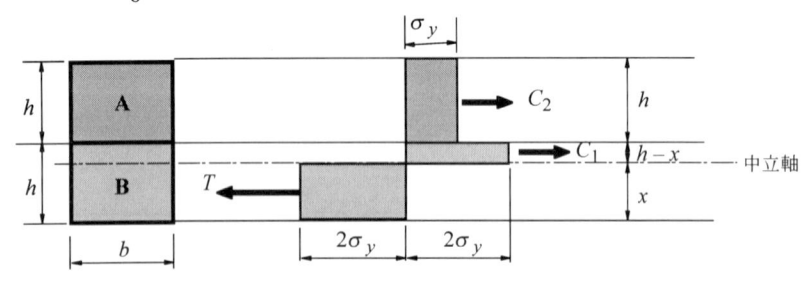

4.8) 引張、圧縮の各合力が $\dfrac{2}{3}\sigma_y bh$、腕の長さが $\dfrac{h}{2}$ より、$M_p = \dfrac{1}{3}bh^2\sigma_y$

4.9) (1) $\delta = \left(10 - \dfrac{\Psi}{2\alpha^2}\right)\phi_p l^2$、ただし
$$\Psi = \dfrac{1}{3} + 9 + 10(2-\alpha)^2 + 30(2-\alpha)(\alpha-1) + \dfrac{70}{3}(\alpha-1)^2$$

(2) $\alpha = 1.1, 1.2, 1.3$ に対して $\delta = 1.58\phi_p l^2, 2.55\phi_p l^2, 3.30\phi_p l^2$ となる。これは、ひずみ硬化が大きいほど、塑性変形が大きくなることを表している。

(3) 完全弾塑性のとき $\alpha = 1$ であるから、これを上の式に代入すると $\delta = \dfrac{1}{3}\phi_p l^2$

となる。弾性限すなわち、$M = M_p = EI\phi_p$ のときのたわみ δ_p は、カンチレバーの公式より、$\delta_p = \dfrac{Pl^3}{3EI} = \dfrac{Ml^2}{3EI} = \dfrac{M_p}{EI}\dfrac{l^2}{3} = \phi_p\dfrac{l^2}{3}$ となる。これは、完全弾塑性のときの最大たわみは弾性限のたわみと一致していることを表している。すなわち、完全弾塑性の $M-\phi$ 曲線をもつ片持ち梁は塑性変形が生じないことになる。その理由は、降伏領域が材端から材軸方向に全く進行しないからである。

4.10) (1) 梁ABについては、梁中央から座標 x をとると、$M = M_u\dfrac{L-x}{L}$ より、

$$\theta_{uA} = \theta_{(x=0)} + \int_0^L (-\phi)dx = 0 + \int_0^{M_u} \phi \cdot \dfrac{L}{M_u}dM = \dfrac{L}{M_u}\int_0^{M_u}\phi dM$$

ここで、$A_c = \displaystyle\int_0^{M_u}\phi dM$ であるので、$\theta_{uA} = \dfrac{L}{M_u}A_c$ となり、θ_{uA} は A_c に比例することが導かれる。

(2) 梁CDについては、ϕ が一定値 ϕ_u をとることから、

$$\theta_{uC} = \theta_{(x=0)} + \int_0^L(-\phi)dx = 0 + \int_0^L \phi_u dx = \phi_u L$$ となり、θ_{uC} は ϕ_u に比例することが導かれる。

4.11) 残留応力による初期応力分布に図のような負荷応力分布を与えると全塑性状態となる。この負荷応力分布をもたらす曲げモーメントを計算すると、$M = (\sigma_r + \sigma_y)ab \cdot 2a + (\sigma_y - \sigma_r)ab \cdot 2a = 4\sigma_y a^2 b$ となる。残留応力がないときの全塑性モーメントは $M_p = \sigma_y 2ab \cdot 2a = 4\sigma_y a^2 b$ である。すなわち、残留応力の存在によらず、全塑性状態に到らせるに必要な曲げモーメントは不変である。

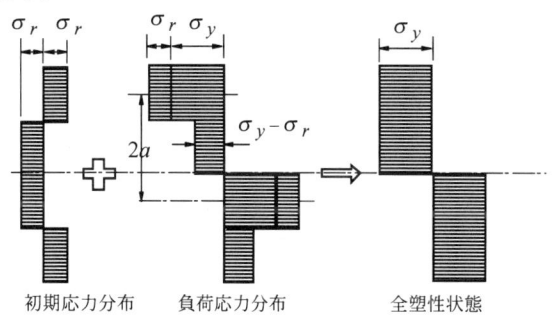

第5章

5.1) $\dfrac{M_{pc}}{M_p} = \left(1 - \dfrac{N}{N_y}\right)\left(3 - 2\sqrt{1 - \dfrac{N}{N_y}}\right)$

5.2) (1) ビーム・コラムの右半分を取り出したとき、モーメントの釣合いは $M + N\delta = \dfrac{F}{2}l$ となることから、$M = \dfrac{cl}{2}\sqrt{\delta} - N\delta$ が導かれる。 (2) $\dfrac{dM}{d\delta} = 0$ から、$M_u = \dfrac{(cl)^2}{16N}$、$\delta_u = \left(\dfrac{cl}{4N}\right)^2$ が導かれる。

5.3) 作用軸力は圧縮合力と引張合力の差分になること、軸力は図心に作用するときに曲げモーメントを生まないので図心まわりの合モーメントが作用曲げモーメントとなることに注意すると、

ケース (1) : $N = \dfrac{1}{3}\sigma_y ah$, $M = \dfrac{1}{36}\sigma_y ah^2$

ケース (2) : $N = \dfrac{1}{4}\sigma_y ah$, $M = \dfrac{1}{12}\sigma_y ah^2$

5.4) $M_{pc} \geq 39{,}200 \mathrm{N \cdot mm}$

第6章

6.1) C点で仮想的に切断し、ACのモーメントの釣合いからA点の鉛直反力 R_A が求まる。同様に、BCのモーメントの釣合いからB点の鉛直反力 R_B が求まる。鉛直方向の力の釣合い $P_u = R_A + R_B$ から P_u が求まる。

$P_u = 2\left(\dfrac{1}{\alpha} + \dfrac{1}{1-\alpha}\right)\dfrac{M_p}{L}$、$\alpha = \dfrac{1}{3}$ のとき $P_u = 9\dfrac{M_p}{L}$

6.2) (1) $P_u = 235\mathrm{kN}$、(2) $P_u = 1{,}885\mathrm{kN}$、(3) $P_u = 4{,}463\mathrm{kN}$

6.3) $P_u = \dfrac{N_y}{\sqrt{2}}$

6.4) (1) $P_1 = \dfrac{2}{\sqrt{5}}\sigma_y A$、(2) $P_2 = \dfrac{2}{5\sqrt{5}} \cdot \dfrac{\pi^2 EI}{l^2}$、(3) 梁の塑性ヒンジが筋かいの塑性バーより先行して形成されるので、下図のような崩壊機構となり、崩壊荷重は $P_3 = \dfrac{1}{2}\sigma_y A$ となる。

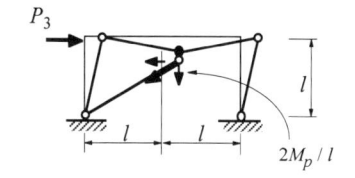

6.5) (a)と(b)のいずれの場合も曲げモーメントがピーク値をとる両柱の脚部と頂部に塑性ヒンジが生じて不安定となり崩壊する。それらの位置における全塑性モーメントを $M_{p1}, M_{p2}, M_{p3}, M_{p4}$ とし、その総和を ΣM で表すと、崩壊機構が形成されたときのモーメントの釣合いより、(a)の場合には $P_u = \dfrac{\Sigma M}{2H \tan\alpha}$、(b)の場合には $Q_u = \dfrac{\Sigma M}{2H}$ となるので、$Q_u = P_u \cdot \tan\alpha$ が導かれる。

6.6) 対称性から曲げモーメント分布は左図のようになり、枠の各辺の中点は変曲点（曲げモーメントが0）となる。中図に示すように、枠の4隅に塑性ヒンジが形成されて枠は崩壊する。右図のようにABCの部分を取り出して（AとCは変曲点）、釣合いを考えると各辺にはせん断力 q と引張力 q が作用しており、$q = \dfrac{2M_p}{a}$ であることがわかる。よって、
$$P_u = 2\sqrt{2}q = 4\sqrt{2}\dfrac{M_p}{a}$$

第7章

7.1) $p_u = (6 + 4\sqrt{2})\dfrac{M_p}{l^2}$。梁の中間に形成される塑性ヒンジの位置を xl とし（x は未知数）、仮想仕事法を用いて崩壊荷重 p_u を x で表す。上界定理より、真の崩壊荷重は最小値であるので、$\dfrac{dp_u}{dx} = 0$ となる。塑性ヒンジの位置は $x = \sqrt{2} - 1$ となる。

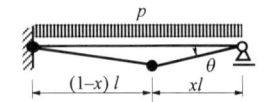

7.2) $w_u = 4(3+2\sqrt{2})\dfrac{M_{po}}{L^2}$。7.1と同様の方法で解けばよい。塑性ヒンジが左端 Aから $(\sqrt{2}-1)L$ の位置に生じたとき崩壊荷重が最小となる。

7.3) （1）機構1：$W = 2Pl\theta$、$U = 7M_p\theta$、$P = 3.5\dfrac{M_p}{l}$、機構2：$W = 2Pl\theta$、$U = 7M_p\theta$、$P = 3.5\dfrac{M_p}{l}$、機構3：$W = 4Pl\theta$、$U = 12M_p\theta$、$P = 3\dfrac{M_p}{l}$

（2）真の崩壊機構は機構3、真の崩壊荷重は $P = 3\dfrac{M_p}{l}$

（3）図の枠で囲んだ曲げモーメントが塑性条件を満たしていない。

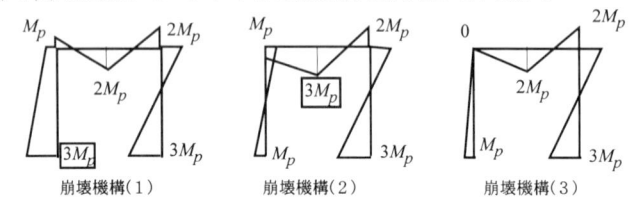

7.4) 真の崩壊機構は下左図。真の崩壊荷重は $P_u = 12\dfrac{M_p}{L}$。曲げモーメント図は下右のようになり、塑性条件が満たされている。

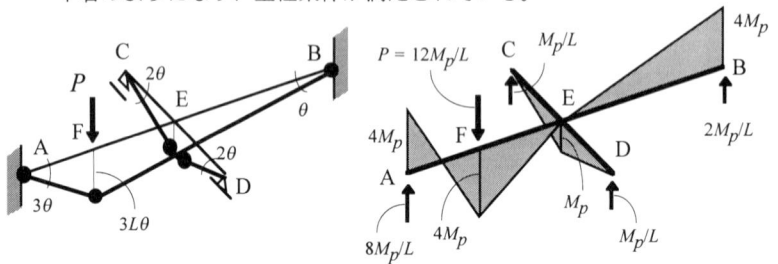

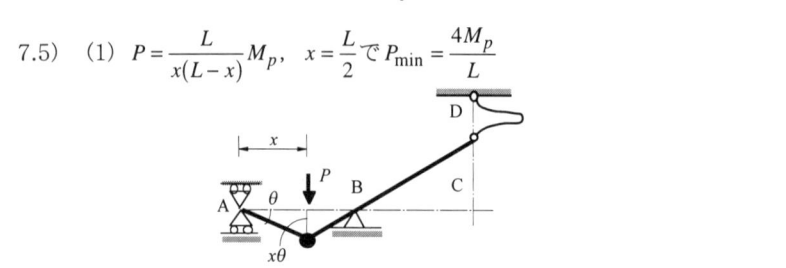

7.5) （1）$P = \dfrac{L}{x(L-x)}M_p$、$x = \dfrac{L}{2}$ で $P_{\min} = \dfrac{4M_p}{L}$

(2) (a)のケーブル崩壊のときは、$P = \dfrac{4M_p}{y}$, $y = L$ で $P_{\min} = \dfrac{4M_p}{L}$

(b)の梁崩壊のときは、$P = \dfrac{2L - y}{y(L - y)} M_p$, これは(1)より大きい値を与える。

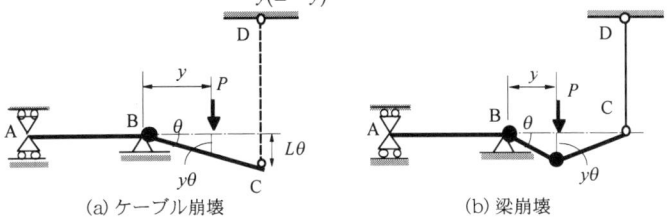

(a) ケーブル崩壊　　(b) 梁崩壊

(3) 最小の崩壊荷重を与えるのは、荷重の作用点がABの中点またはC点にあるときで、そのときの崩壊荷重は $\dfrac{4M_p}{L}$ である。

7.6) (1) $P_u = 4\dfrac{M_p}{r}$、(2) $P_u = 2\dfrac{M_p}{r}$、(3) $P_u = 4(\sqrt{2} + 1)\dfrac{M_p}{r}$

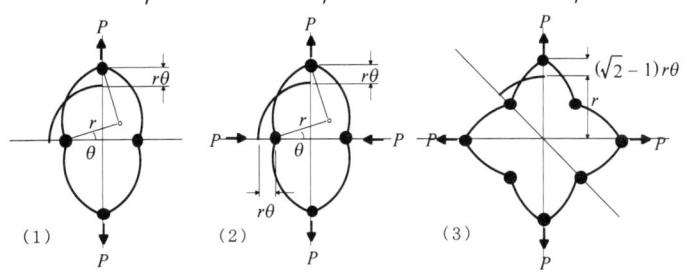

.7) 崩壊機構は下左図で、崩壊荷重は $P_u = 4\dfrac{M_p}{l}$。崩壊時の曲げモーメント分布は下右図のように描ける。なお、非崩壊部分ABEFの曲げモーメントは不定であるが、図のように塑性条件と釣合条件を満たすモーメント図が描けるので、この崩壊機構は真である。

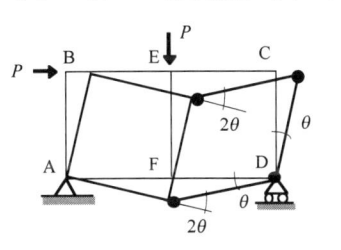

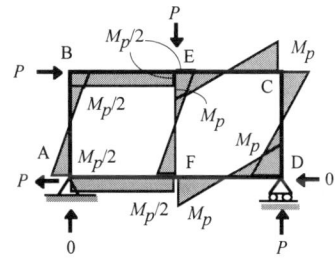

7.8) $P_u = \dfrac{7}{2} \cdot \dfrac{M_p}{l}$

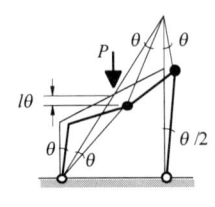

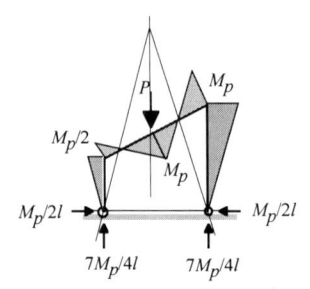

第8章

8.1) 1) 1000, 2) 2400, 3) 1600, 4) 3400, 5) 2200, 6) 4400, 7) 4800, 8) 8000, 9) 11200, 10) 5067, 11) 10302, 12) 14524, 13) 6360, 14) −1293, 15) 9587, 16) 715, 17) 7721, 18) 6803, 19) 4600, 20) 6600, 21) 8600, 22) 1.38, 23) 0.28, 24) 1.45, 25) 0.11, 26) 0.90, 27) 0.79, 28) 4825.4, 29) 8, 30) 8000, 31) 11200, 32) 9810, 33) 13831, 34) 5643, 35) 4167, 36) 5470, 37) 8361, 38) 6600, 39) 8600, 40) 0.86, 41) 0.63, 42) 0.64, 43) 0.97, 44) 4595, 45) 11200, 46) 13634, 47) 5378, 48) 8256, 49) 8600, 50) 0.63, 51) 0.96 52) 4529.6, 53) 2, 54) 5, 55) 4530

8.2) 柱が1本破壊すると、残りの柱への軸力が増大するので、柱が座屈しないように余力を与えておく必要がある。また、基礎に作用する鉛直荷重が増大し、また偏心するので、それに対して基礎が破壊したり不同沈下を起こしたりしないようにしておく必要がある。上部構造については、中央柱が破壊する場合と、側柱が破壊する場合について各々図(a)、(b)のような崩壊機構が考えられる。議論を簡単にするため、固定荷重と積載荷重を集約して、側柱と中央柱の線上に総重量 P_1, P_2 が作用するものとする。図のように、柱間隔を l、梁と柱の全塑性モーメントを下から順に番号を付けて M_{bi}、M_{ci} とする ($i = 1, 2, \cdots, 6$)。まず、図(a)の崩壊が起こらないようにするには、$4\sum_{i=1}^{6} M_{bi}\theta > P_2 l\theta$、すなわち $\sum_{i=1}^{6} M_{bi} > \dfrac{P_2 l}{4}$ とし、さらに図(a')に示

す静的許容状態を確保するために、柱の全塑性モーメントを $M_{c1} + 2\sum_{i=2}^{6} M_{ci} > \dfrac{P_2 l}{4}$ にしておく。次に、図(b)の崩壊が起こらないようにするには、$2\sum_{i=1}^{6} M_{bi}\theta > P_1 l\theta$、すなわち $\sum_{i=1}^{6} M_{bi} > \dfrac{P_1 l}{2}$ としておく必要がある。この場合は、図(b')の静的許容状態が確保するために、$2\sum_{i=2}^{6} M_{ci} > \dfrac{P_1 l}{2}$ としておく。なお、図(c)のように筋かいをバックアップ材として入れておく方法も考えられる。

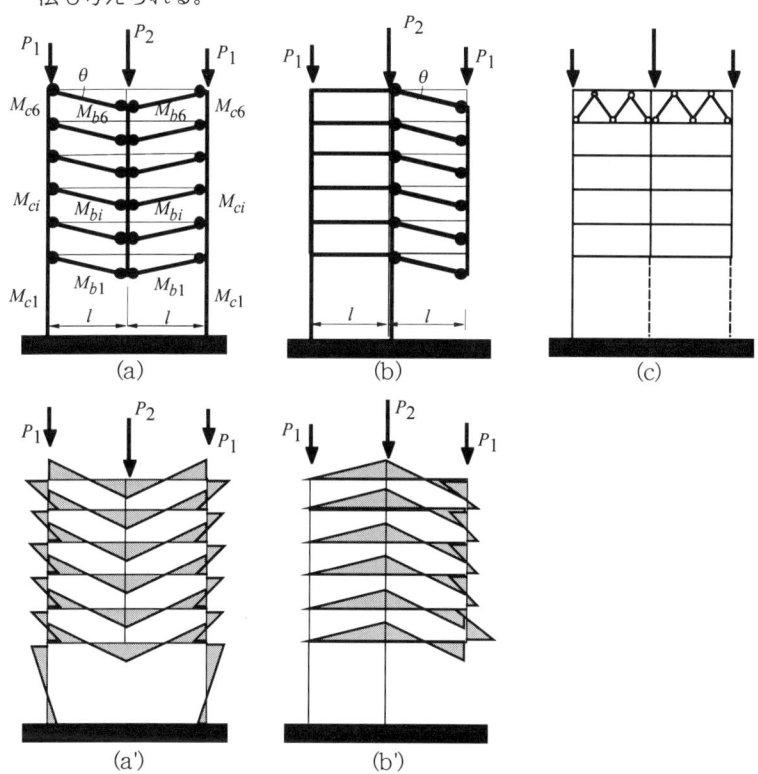

第9章

9.1) 図の崩壊機構に対して、$P_u = \dfrac{8}{1-\dfrac{b}{a}} \cdot m_p$ となる。

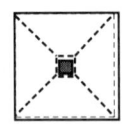

9.2) 図の降伏線を仮定すると、外力仕事 $W = P_u \cdot a\theta$、内力仕事 $U = 24m_p a\theta$ となり、$P_u = 24m_p$ が得られる（ただし、崩壊荷重の上界）。

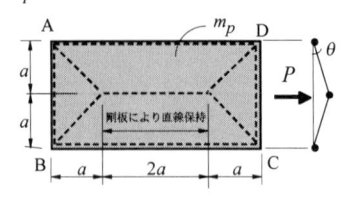

第１０章

10.1) （1）$P_{y1} = 500\sigma_y$、$P_{u1} = 750\sigma_y$、（2）$N = \dfrac{P}{1.80}$、（3）筋かいが先に降伏する、$P_{y2} = 180\sigma_y$、（4）$P_{u2} = 800\sigma_y$、（5）補強部材が被補強部材よりも先に降伏するとき、降伏荷重が低下する場合がある。（6）補強前の構造物が荷重係数 α_1 で崩壊するとする。そのときの曲げモーメント分布は補強後の構造物の静的許容状態となるので、補強後の構造物が荷重係数 α_2 で崩壊するとすれば、下界定理より $\alpha_1 \leq \alpha_2$ である。すなわち、補強によって崩壊荷重が低下することはない。

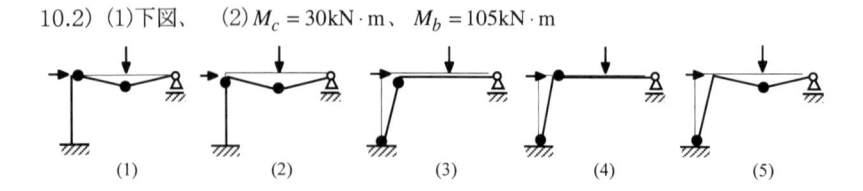

10.2)（1）下図、（2）$M_c = 30\,\mathrm{kN \cdot m}$、$M_b = 105\,\mathrm{kN \cdot m}$

索　引

[あ]
圧縮材	21
安全(性)	10, 166

[い]
板	149
1次曲げモーメント	84
1方向板	149
一様伸び	5
一様曲げ	42

[う]
運動的許容状態	110

[え]
永久ひずみ	6
永久変形	8
M-N相関曲線	80
延性	6

[お]
応力(度)	3
応力再配分	7
応力集中	23
応力集中係数	24
応力(度)－ひずみ(度)曲線	5, 16, 91

[か]
回転角	93
外力仕事	106
下界定理	132
可逆性	5
重ね合わせの原理	160
荷重係数	159
荷重－変形関係(曲線)	7, 92, 93
荷重の大きさ	159
荷重の組合せ	159
荷重の種類	158
風荷重	158
仮想仕事の原理	105
仮想仕事法	105
完全剛塑性	17, 94
完全弾塑性	16, 36, 93

[き]
危険点	115
機構条件	113
きず	6
機能	10
基本崩壊機構	115
供用年数	159
極限解析	3
極限設計	3
曲率	31, 40
許容応力度設計法	3
切欠き	6
切欠き靭性	6
切妻型骨組	120
均質(性)	2, 151
金属	2
金属材料引張試験	3

[く]
くびれ	5
組合せ応力状態	18

[け]
経済性	166
形状係数	39
係数倍荷重	159
欠損断面積	24
ゲーブルフレーム	120
限界状態	161

[こ]
鋼	3
公称荷重	159
構造解析	160
構造設計法	157
拘束条件	166
降伏	1
降伏応力(度)	5, 33
降伏荷重	7
降伏曲率	33, 75
降伏軸変形	22
降伏軸力	22
降伏条件	1, 18
降伏線	149
降伏線理論	150
降伏せん断応力度	19
降伏耐力	7
降伏棚	5
降伏強さ	5
降伏点	5

索　引

降伏比	25	筋かい付きラーメン	117
降伏ひずみ	5, 33	図心	36
降伏モーメント	33, 75, 78	スプリング・バック	51
固定荷重	158		

［さ］

最外縁降伏	33		
再現期間	159		
最小重量設計	166		
最大荷重	5		
最大軸力	22, 24		
最大耐力	5		
最適設計	166		
砂丘類似	59		
座屈	10		
作用応力度	160		
サン・ブナンねじり	56		
残留応力	51		
残留ひずみ	6		
残留変形	8		

［せ］

成形性	6
脆性	7
静的許容状態	132
積載荷重	158
積雪荷重	158
設計荷重	157
設計規範	161
節点モーメント	137
線形関係	5
線形計画法	168
全塑性	33
全塑性モーメント	9, 33, 75, 79, 138
全塑性自由ねじりモーメント	59
全体崩壊機構	136
せん断応力度	18
せん断力	49
全断面降伏	24, 33

［し］

シアスパン比	50
軸部	25
軸力材	21
軸力比	76
地震荷重	158
地震水平力	133
終局荷重	159
終局耐力	9
自由ねじり	56
主応力度	18
純せん断	19
純曲げ	42
上界定理	110
使用性	10
冗長系	141
除荷	5
靱性	6
真の崩壊荷重	109
真の崩壊機構	109

［そ］

相関式	49
相関図	122
層せん断力	135
層せん断力係数	137
層崩壊機構	115
塑性	1
塑性域	6
塑性解析	3, 9, 93, 113, 161
塑性加工	2
塑性関節	9, 93
塑性条件	113
塑性設計法	3, 10, 157
塑性断面係数	38
塑性中立軸	36
塑性流れ	5
塑性ねじり	56
塑性自由ねじり	57
塑性反りねじり	62
塑性バー	96
塑性ヒンジ	9, 93
塑性変形	40, 84
塑性棒	96
反り	57

［す］

水平力分担率	119
数理塑性学	2
数理弾性学	2
筋かい	23

反りねじり	56		**[の]**	
			伸び	4
[た]				
多軸応力状態	18		**[は]**	
たわみ	40		破壊	10
たわみ角	40		破壊靭性	7
弾性	1		破断	5
弾性域	5		梁	31
弾性解析	3, 113, 160		梁-柱	73
弾性限	5		梁崩壊機構	115
弾性除荷	6		張出し性	6
弾性設計法	3, 10, 157			
弾性断面係数	38		**[ひ]**	
弾塑性挙動	91, 93		$P-\delta$効果	10
断面欠損	23		ビーム・コラム	73
断面積	4		非可逆	6
断面力	91		ひずみ(度)	4
			ひずみ硬化	5, 33
[ち]			ひずみ集中	23
中立軸の移動	36		非線形	6
長方形断面	32		非超過確率	160
直応力度	18		引張材	21
			引張強さ	5
[つ]			引張力	3
釣合い条件	113		標点	3
釣合い鉄筋比	55		標点距離	4
			比例関係	5
[て]				
鉄筋コンクリート	53		**[ふ]**	
展性	6		フィーレンディール梁	126
転倒モーメント	10		フェイルセーフ構造	141
			負荷	5
[と]			深絞り性	6
統計的に不確か	160		複合材料	53
等方(性)	2, 151		複合崩壊機構	115
トレスカの説	18		不静定梁	96
			フックの法則	5
[な]			部分降伏	33
内力仕事	106		ブレース	23
軟鋼	5		フロアモーメント	137
			フロアモーメント分配法	134
[に]				
2次曲げモーメント	84		**[へ]**	
2軸曲げ	47		平行部	3
			平板	151
[ね]			平面保持の仮定	32
粘り強さ	7		ベースシア	137

索　引

ベルヌイ－オイラーの仮定　　　32
ベルヌイ試行　　　160
変断面材　　　26

［ほ］
崩壊荷重　　　8
崩壊機構　　　8, 99
崩壊機構の組合せ法　　　114
崩壊曲面　　　122
崩壊メカニズム　　　8
補強　　　141
保有水平耐力　　　133

［ま］
膜類似　　　58
曲げ材　　　31
曲げ性　　　6
曲げモーメント－曲率曲線　　　34, 91
曲げモーメント－軸力比－曲率曲線　　　73

［み］
ミーゼスの説　　　18

［も］
モーメント勾配　　　44
モーメント分配法　　　129
目的関数　　　166

［や］
ヤング係数　　　5

［ゆ］
唯一性　　　113
有効断面積　　　24
有効断面積比　　　25

［ら］
ラーメン　　　114

［わ］
ワグナーねじり　　　56
割れ　　　6

著者紹介

桑村　仁（くわむら ひとし）

1975年	東京大学工学部建築学科卒業
専門分野	建築構造学
現在	東京大学大学院工学系研究科建築学専攻教授，Ph.D
主著	『建築の力学−弾性論とその応用−』技報堂出版，2001年
	『鋼構造の性能と設計』共立出版，2002年

建築の力学 −塑性論とその応用−

2004年9月25日　第1版第1刷発行
2014年9月25日　第1版第3刷発行

・本書の複製権・翻訳権・上映権・譲渡権・公衆送信権（送信可能化権を含む）は株式会社井上書院が保有します。
・**JCOPY**〈(社)出版者著作権管理機構委託出版物〉
本書の無断複写は著作権法上での例外を除き禁じられています。複写される場合は，そのつど事前に(社)出版者著作権管理機構（電話 03-3513-6969，FAX 03-3513-6979, e-mail : info@jcopy.or.jp）の許諾を得てください。

著　者　桑村　仁Ⓒ
発行者　石川泰章
発行所　株式会社 井上書院
　　　　東京都文京区湯島 2-17-15 斎藤ビル
　　　　電話 (03)5689-5481　FAX (03)5689-5483
　　　　http://www.inoueshoin.co.jp/
　　　　振替 00110-2-100535
印刷所　秋元印刷所

ISBN 978-4-7530-0651-9　C3052　　　　Printed in Japan